APRENDA A
Amar

APRENDA A
Amar

Desenvolva o respeito, a intimidade e a paixão e aprimore a arte da convivência

MARY JAKSCH

PubliFolha
1995 — 2005
10 ANOS

Para meu filho Sebastian Grodd

Copyright © 2001 Duncan Baird Publishers Ltd.
Copyright do texto © 2001 by Mary Jaksch Ltd.
Copyright do projeto gráfico © 2001 Duncan Baird Publishers Ltd.

© 2005 Publifolha – Divisão de Publicações da Empresa Folha da Manhã S.A.
*Todos os direitos reservados. Nenhuma parte desta obra pode ser reproduzida, arquivada, ou transmitida de nenhuma forma ou por nenhum meio, sem a permissão expressa e por escrito da Publifolha – Divisão de Publicações da Empresa Folha da Manhã S.A.
Proibida a comercialização fora do território brasileiro.*

COORDENAÇÃO DO PROJETO
PUBLIFOLHA
ASSISTÊNCIA EDITORIAL: Julia Duarte
PRODUÇÃO GRÁFICA: Soraia Pauli Scarpa e Celso Imperatrice
EDIÇÃO: Editora Página Viva
TRADUÇÃO: Anna Quirino
REVISÃO: Valquiria Della Pozza e Agnaldo de Oliveira

DUNCAN BAIRD PUBLISHERS
EDITORA-CHEFE: Judy Barratt
EDITORA: Ingrid Court-Jones
DESIGNER: 27.12 Design Ltd., NYC
ILUSTRAÇÕES: Anne Kristin Hagesæther

Dados internacionais de Catalogação na Publicação (CIP)
(Câmara Brasileira do Livro, SP, Brasil)

Jaksch, Mary
 Aprenda a amar : desenvolva o respeito, a intimidade e a paixão e aprimore a arte da convivência / Mary Jaksch ; tradução Anna Quirino. – São Paulo : Publifolha, 2005.

 Título original: Learn to Love.
 ISBN 85-7402-614-X

 1. Amor 2. Homem-mulher - Relacionamento 3. Intimidade (Psicologia) I. Título.

05-2707   CDD-158.2

Índice para catálogo sistemático:
1. Amor : Relações interpessoais : Psicologia aplicada 158.2

PUBLIFOLHA
Al. Barão de Limeira, 401, 6.º andar
CEP 01202-001, São Paulo, SP
Tel.: (11) 3224-2186/2187/2197
Site: www.publifolha.com.br

Este livro foi impresso em abril de 2005 pela Prol Gráfica
sobre papel offset 90g/m².

Sumário

Introdução	6

CAPÍTULO 1
RECEITA DE RELACIONAMENTO   8

Amor	10
Paixão	14
Intimidade	18
Exercício 1: Barômetro da intimidade	21
Compromisso	22
Confiança	24
Empatia	28
Exercício 2: Um olhar através da vidraça	31
Sinceridade	32
Exercício 3: Sem máscaras	35
Gentileza	36
Exercício 4: O presente secreto	39
Respeito	40
Tranqüilidade	44
Exercício 5: Momentos tranqüilos	47

CAPÍTULO 2
A ARTE DO REALISMO POSITIVO   48

O barômetro sexual	50
As coisas como elas são	52
Exercício 6: A dança do momento	55
Lentes corretivas dos valores	56
Para transpor a armadilha dos gêneros	58
Exercício 7: Confronto de estereótipos	61
Expansão do seu mundo de interesses	62
Personalidade – o eu reconhecível	64
Responsabilidade – um esforço conjunto	68
A mudança de tempo das emoções	72
Leitura da linguagem corporal	76
Controle da raiva	78
Domínio do ciúme	80
Superação dos medos	82
Um lar que funciona	84
Como repensar o que você quer	86
Exercício 8: Aperfeiçoamento dos objetivos	89

CAPÍTULO 3
ESTRATÉGIAS PARA O RELACIONAMENTO   90

Como usar as estratégias	92
Estratégia 1: Proximidade	94
Exercício 9: Para animar o amor	97
Estratégia 2: Valorização	98
Exercício 10: Dieta de poucas queixas	101
Estratégia 3: Compaixão	102
Exercício 11: O despertar do coração sensível	105
Estratégia 4: Honestidade	106
Exercício 12: Dizer a verdade	109
Estratégia 5: Diálogo	110
Exercício 13: Colocar-se no lugar do outro	113
Exercício 14: O caos ordenado do Mapa da Mente (Mind Map ®)	117
Estratégia 6: Aspiração	118
Exercício 15: A magia da simpatia	121
Estratégia 7: Tempo	122
Exercício 16: A hora do coração	125
Estratégia 8: Liberdade	126
Exercício 17: O desafio da flexibilidade	129
Estratégia 9: Brincadeira	130
Exercício 18: Dia divertido	133
Estratégia 10: Surpresa	134
Exercício 19: Uma noite real	137

CAPÍTULO 4
AMPLIAÇÃO DAS CONEXÕES   138

A família	140
Exercício 20: A árvore dos relacionamentos	143
Os filhos	144
Os amigos	146
Os colegas	150

Conclusão: E agora, para onde ir?	152
Bibliografia	154
Índice remissivo	155
Agradecimentos	159

introdução

Um relacionamento amoroso cria o alicerce de uma vida prazerosa. Muitas pessoas se sentem infelizes e anseiam por um amor que as satisfaçam. Talvez você tenha notado algumas falhas no seu relacionamento e queira consertar seus laços amorosos, ou esteja começando um novo relacionamento e tenha medo de repetir velhos padrões. Seja qual for o tipo de relacionamento que você esteja vivendo – um casamento tradicional ou outra forma de envolvimento, ou se ama uma pessoa do sexo oposto ou do mesmo sexo –, existem princípios que funcionam para determinar se esse relacionamento irá fortalecer ou debilitar seu bem-estar. Este livro trata desses princípios pouco conhecidos e apresenta estratégias passo a passo para promover e realçar o que há de bom no seu relacionamento e desenvolver o que está faltando. Ele ajudará você a compreender o seu relacionamento, para que ele enraíze e floresça, mostrando-lhe como chegar a uma conexão equilibrada com seu companheiro.

Se vocês lerem o livro juntos, embarcarão numa jornada de resgate, que fortalecerá seu relacionamento e trará de volta o fervor, a alegria e a ternura. Contudo, se preferir, também pode usar o livro sozinho. Quando *você* se modificar, todos à sua volta se modificarão em conseqüência disso. É possível que você queira manter um diário sobre o relacionamento, registrando seus progressos. Poderá, então, recorrer a ele sempre que quiser descobrir quanto já avançou em seu percurso e quanta compreensão foi adquirindo ao longo do caminho.

Capítulo 1: Receita de relacionamento ajudará você a reconhecer os ingredientes de uma boa relação. O princípio condutor

é o amor, com seus componentes de paixão, intimidade e compromisso. Se você ler essas passagens primeiro, irá adquirir uma clara noção do que está forte no seu amor e descobrir o que precisa ser trabalhado. Nesse capítulo, você também explorará outros elementos-chave de um relacionamento bem-sucedido: confiança, empatia, sinceridade, gentileza, respeito e tranqüilidade.

Capítulo 2: A arte do realismo positivo mostra como ver com outros olhos o seu relacionamento. Você descobrirá maneiras pelas quais chegará à sabedoria emocional que há dentro de você e, assim, aprenderá, por exemplo, a aumentar sua confiança por meio do amor sexual, a experimentar as bênçãos do momento presente e a trabalhar emoções difíceis e corriqueiras, como raiva, ciúme e medo.

Capítulo 3: Estratégias para o relacionamento mostra como melhorar as ligações entre vocês, e oferece dez exercícios passo a passo para ajudar você e seu companheiro a recuperar um relacionamento problemático. O próprio ato de acompanhar juntos uma estratégia, à medida que aprendem a dar e a receber amor, irá romper barreiras e os aproximará cada vez mais. Você tanto pode trabalhar as estratégias na seqüência, quanto selecionar aquelas que lhe pareçam as mais adequadas para a atual situação do relacionamento.

Por fim, o **Capítulo 4: Ampliação das conexões** mostra como utilizar suas novas habilidades e seu entendimento mais profundo para melhorar os relacionamentos que tem com outras pessoas, além da pessoa que ama, como família, amigos e colegas de trabalho.

capítulo 1

receita de relacionamento

Como na culinária, um relacionamento precisa dos ingredientes corretos para dar certo. Mas não há nada pré-ordenado ou tradicional nessa receita; e há muito espaço para variações individuais. No entanto, existem princípios básicos de equilíbrio e alguns temperos, além de modos experimentados e aprovados de fazer todos os ingredientes se combinarem num todo satisfatório.

Neste capítulo, você encontrará uma receita "multiuso" para um bom relacionamento. Conhecerá os fatores-chave que determinam se o relacionamento lhe trará felicidade ou discórdia. Também ganhará um conjunto de "colheres-medida" para avaliar o estado de seu relacionamento neste exato momento. O principal ingrediente é o amor, com seus aspectos de paixão, intimidade e compromisso. Mas um relacionamento também precisa de confiança, empatia, sinceridade, delicadeza, respeito e tranqüilidade. Não se preocupe se você e seu companheiro têm visões diferentes sobre o relacionamento ideal, pois irão explorar maneiras de trabalharem juntos para uma mudança positiva. Sua jornada para um relacionamento melhor começa aqui.

receita de relacionamento

amor

"Do mesmo modo que as estrelas pairam sobre campos sombrios, o amor é uma dádiva das forças eternas. Não sabemos por que ele aparece; é a canção que o universo canta para si mesmo." Como sugerem as palavras do mestre zen John Tarrant, a capacidade humana para amar é nossa maior dádiva. Honoré de Balzac, escritor francês do século 19, dizia que o amor era a poesia dos sentidos. Na acepção mais profunda, amor é o nome que damos à paixão sexual transfigurada pela emoção. Como sentimento mútuo, não há nada melhor para unir duas pessoas. A perda dessa intensidade mágica é suficiente para levar à ruptura do relacionamento, se permitirmos que isso ocorra. Porém, num bom relacionamento há outros aspectos do amor que dão sustentação ao desejo sexual e atuam como fonte de inspiração e sustentação, mesmo nos momentos mais difíceis.

É por isso que, em qualquer relacionamento, convém explorar e verificar exatamente o que você e seu companheiro entendem por "amor". As definições dos dicionários – "intenso sentimento de afeição ou devoção profunda por uma pessoa ou coisa" – não nos explicam muita coisa. Duas pessoas podem ter diferentes percepções do amor e expressar suas reações de modos diferentes. E embora não seja necessário que a idéia de amor de nosso companheiro coincida com a nossa, temos de ser claros quanto ao que significam nossas expectativas de amor e as de nosso companheiro. Caso contrário, o desapontamento pode levar a discussões aparentemente banais, mas que, de fato, refletem desilusões profundas e perigosas.

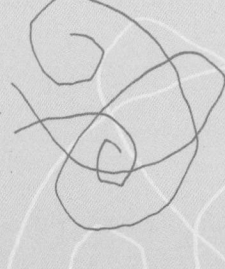

Nossa capacidade de dar e receber amor como adultos é influenciada por nossa experiência amorosa na infância. Em um dos extre-

amor

mos estão aqueles que tiveram muito amor, cuidados e apoio dos pais e outros mentores, e que passaram pela interação emocional de conviver com irmãos, irmãs e outros amigos íntimos na infância. No outro extremo estão aqueles que não tiveram amor, ficaram abandonados ou, pior, viviam com medo de maus-tratos. Se você está querendo melhorar um relacionamento adulto, reflita um pouco sobre seus anos de infância. Como você acha que as experiências da meninice podem ter determinado seu conceito de amor, sua imagem de amante ideal e sua idéia de como ser amoroso?

É importante entender como se formou sua atitude em relação ao amor, mas não tire nenhuma conclusão agora. Apenas procure se lembrar de suas reflexões, à medida que lê. O lado bom disso tudo é que se pode reaprender a amar em qualquer idade.

Se pensar em todas as pessoas de quem você gosta, verá que ama cada uma de um jeito diferente. Ama um filho de modo diferente

receita de relacionamento

do que ama cada um dos pais ou um amigo. No âmbito das parcerias sexuais, cada vínculo é único, mas há determinados padrões gerais de amor reconhecíveis – uma boa base pela qual podemos começar a melhorar nosso relacionamento. Robert J. Sternberg, psicólogo americano, considerou as principais características do amor como uma série de interações que formam um triângulo. Ele denominou as três pontas do triângulo de paixão, intimidade e compromisso. As parcerias amorosas criam diferentes formas de triângulos, de acordo com o peso dado a cada um desses aspectos do relacionamento. A paixão descreve a ardente atração emocional e física, o fortíssimo magnetismo do toque. A intimidade abrange outras emoções, como amizade afetuosa, simpatia e sentimento de proteção. O compromisso traz à tona diversos fatores que, em geral, têm mais a ver com o lado racional de nossa natureza e com aspectos sociais, financeiros e culturais de um relacionamento estável. Esses três componentes básicos do amor serão explorados mais a fundo nas próximas páginas, mas aqui está um aperitivo para despertar seu apetite.

A paixão adiciona excitação a um relacionamento. Nos primeiros dias de entusiasmo impetuoso, a reação física do seu corpo a outro ser humano pode ser tão forte a ponto de lançar suas capacidades emocionais, sensuais e mentais num redemoinho. Mas a paixão também pode fazer parte de uma fase posterior do amor, mais madura, voltando à tona em encontros sensuais, que permitem a você continuar se apaixonando continuamente.

Se a paixão se caracteriza pelo sentimento de estar "apaixonado", então a intimidade é o estado de "sentir amor por" alguém. Essas dimensões do amor se concentram em oferecer afeto e sinceridade. Enquanto a paixão pode se assemelhar a um clarão quente e branco no início de um relacionamento, os prazeres da intimidade crescem num ritmo lento e suave, à medida que os parceiros se conhecem. Conforme a intimidade se desenvolve, vocês começam a se ver como pessoas "de verdade" e a sentir uma simpatia pelas peculiaridades um do outro, até mesmo pelas imperfeições.

Compromisso significa que você faz uma clara promessa de amor e se mantém preso a ela. Além de assumir as formas mais óbvias, como viver junto ou casar, o compromisso pode ter início com a simples decisão de parar de procurar outros companheiros. Comprometer-se a amar alguém significa aceitar limites para a sua liberdade. Num relacionamento bem-sucedido, o compromisso é um processo ativo, uma resolução de tratar dos problemas assim que surgem e de alimentar seus laços amorosos. Os frutos disso são a confiança e a segurança.

O amor é a poesia dos sentidos. É a chave para tudo que há de grandioso em nosso destino. Ou é sublime ou não é nada.

Honoré de Balzac (1799–1850)

QUATRO MODELOS DE RELACIONAMENTOS AMOROSOS

Nos relacionamentos, diferentes níveis de paixão, intimidade e compromisso produzem diversos modelos comuns de amor. Muita paixão com pouca intimidade ou pouco compromisso são características do "amor romântico". É provável que o relacionamento ainda esteja na fase inicial, quando os dois parceiros estão "apaixonados". Paixão oscilante combinada com crescimento da intimidade e do compromisso caracterizam um relacionamento mais estável, o "amor maduro". Quando a intimidade é acompanhada de pouca paixão e pouco compromisso, o relacionamento quase não passa de amizade. Isso é típico de relacionamentos "abertos", nos quais os parceiros têm muita liberdade. Quando a paixão e a intimidade desapareceram, mas o compromisso continua, o relacionamento se torna "amor vazio".

receita de relacionamento

paixão

Todos os pensamentos, toda a paixão, todos os deleites, que possam agitar esta carcaça mortal, não passam de emissários do Amor, e alimentam sua chama sagrada.

Samuel Taylor Coleridge
(1772–1834)

A paixão é um estado da mente, não uma emoção; uma força motriz que há em nós e que *intensifica* todas as emoções. Ser movido pela paixão pode ser divertido, mas também assustador. Quando a paixão alimenta o ciúme e a raiva, pode levar à violência e até a "crimes passionais". Quando julgadas, as pessoas que cometem tais crimes alegam "responsabilidade diminuída" – não estavam em seu verdadeiro eu, pois foram "possuídas" por emoções extremas. Assim é o domínio da paixão doentia. Em compensação, também pode haver paixão saudável, em que são realçadas as emoções positivas que unem um casal. Quando o amor e o desejo são orientados pela paixão, quase sempre o relacionamento é duradouro porque os sentimentos que um parceiro sente pelo outro são fortes.

Na maioria das vezes, a paixão se manifesta como um surto de atração sexual. Esse surto envolve parte dos mesmos sistemas químicos que entram em ação no cérebro quando enfrentamos um perigo – é a reação do tipo "enfrentar ou fugir". O cérebro aumenta a produção de adrenalina (epinefrina), preparando-nos para encarar uma situação crítica. E, à medida que a paixão brota dentro de nós, o cérebro aumenta a produção de endorfinas, os mensageiros químicos que criam uma forte sensação de bem-estar.

Quando nossa paixão é correspondida pela pessoa por quem nos sentimos atraídos, somos levados a tocá-la e a manter contato físico muito estreito com ela. A atração sexual é muito forte quando você inicia um relacionamento; mas, à medida que esse relacionamento amadurece, sua paixão irá, inevitavelmente, perder um pouco da intensidade inicial. Mas não há nada de errado nisso e, num relacio-

paixão

namento saudável, a paixão pode ser renovada a qualquer momento. Uma das melhores maneiras é pelo sexo (a paixão como amor erótico é explorada mais a fundo nas páginas 50-51), mas qualquer atividade que faça você se sentir "apaixonado" ou que aproxime o casal ajuda a reacender uma paixão arrefecida.

Às vezes, a atração apaixonada pode descambar em obsessão doentia, o que é perigoso, pois costuma levar à agitação interna e ao comportamento irresponsável. Você sabe que está obcecado

quando não consegue impedir que seus pensamentos parem de ficar às voltas com seu objeto de desejo, e quando você mostra sinais de comportamento compulsivo. Por exemplo: você não se preocupa em romper o que foi combinado com os outros, até mesmo compromissos de trabalho, só para aproveitar uma oportunidade inesperada de ficar com quem ama? Você se sente deprimido quando um encontro é cancelado por um motivo legítimo? Você sempre sente ciúme? Fica possessivo e tenta controlar os atos de seu companheiro de maneira irracional?

Se você respondeu "sim" a alguma dessas perguntas, pode imaginar que seu desejo apaixonado por seu amado se transformou num vício de amor. A sensação desesperada de pânico contínuo e altos níveis de insegurança são sintomas desse vício de amor. Isso pode fazer você ficar descuidado em casa e sem objetividade no trabalho, distraindo-se ou cometendo erros por falta de atenção. Se qualquer desses itens estiver acontecendo, é importante você ficar algum tempo a sós para pensar aonde essa obsessão pode levá-lo. Sente-se confortavelmente numa poltrona e apóie os braços nas laterais, com as palmas voltadas para cima e os dedos frouxamente fechados. Dê a uma das mãos a voz da obsessão e à outra, a voz da razão. Agora, comece um diálogo, esticando os dedos para abrir as mãos enquanto elas "falam". Quando as duas mãos tiverem "falando", junte-as, lentamente. Pergunte-se que acordo pode haver entre a razão e a obsessão. Se projetar sua obsessão para o futuro, e se o local de destino não for onde você gostaria de estar, desenhe de novo o mapa mental que estiver seguindo. Se outros relacionamentos estiverem sendo prejudicados, decida que isso tem de acabar. E passe a trilhar um caminho mais equilibrado.

paixão

Equilibrar a paixão com a razão pode parecer pouco romântico, mas é fundamental se quiser um relacionamento duradouro. Todos os relacionamentos bem-sucedidos se baseiam no equilíbrio. Os sentimentos que a paixão desperta não continuarão com a intensidade do início e, num relacionamento respeitoso, ela é uma dádiva que mantém vivo o desejo que um sente pelo outro. O equilíbrio entre paixão e amizade é uma receita perfeita para a harmonia duradoura.

Agora, use o quadro abaixo para tentar avaliar como está seu relacionamento na "escala da paixão".

INDICADOR DE PAIXÃO

O indicador de paixão ajudará você e seu companheiro a determinar o nível e o tipo de paixão no relacionamento.

Veja como marcar os pontos: **1** = nunca; **2** = raramente; **3** = às vezes; **4** = quase sempre; **5** = constantemente.

- Você sente falta de seu companheiro quando estão longe?
- Há uma sensação de excitação no relacionamento?
- Tem vontade de tocar e acariciar seu companheiro o tempo todo?
- Sente medo de perder seu companheiro?
- Fica alegre quando está com seu companheiro?
- Seu nível de ansiedade cresce quando está com seu companheiro?
- Sente-se excitado sexualmente por seu companheiro?

Pontuação entre 1 e 16 significa nível baixo de paixão: pense em reanimar a paixão que está no âmago do seu amor. Pontuação entre 17 e 33 mostra uma paixão de intensidade média e que o seu relacionamento amadureceu. Pontuação alta, entre 34 e 50, revela que você ainda está "apaixonado". É preciso desenvolver a intimidade para que seu amor floresça e dure.

receita de relacionamento

intimidade

A única dádiva é oferecer uma parte de si mesmo.

Ralph Waldo Emerson
(1803–1882)

O que você entende por "intimidade"? Por enquanto, concentre-se na intimidade não-sexual e anote os cinco momentos mais íntimos que se lembra de ter passado com seu companheiro. É muito provável que sejam momentos de afeição profunda ou de "união". Por exemplo: talvez tenham sentido muita intimidade, quando você e seu parceiro tentaram telefonar um para o outro exatamente na mesma hora, como se tivessem usado telepatia; ou quando se olharam nos olhos através de uma sala cheia de gente; ou quando compartilharam um pensamento secreto expresso num olhar de cumplicidade. Quando terminar sua lista, deixe-a de lado – voltaremos a ela depois.

Se estão juntos há muitos anos, vocês talvez sintam que a intimidade no relacionamento está minguando. Em vez de se sentirem muito ligados, é possível que notem que ficam solitários quando estão juntos. Tal experiência costuma ser deprimente e confusa – na vida diária, costumamos passar muito tempo juntos (dividindo tarefas, vendo TV, dormindo, entre outras coisas), por isso achamos difícil descobrir quanta intimidade já perdemos. A resposta é simples: mergulhamos na rotina monótona de viver junto e passamos a nos sentir seguros em relação ao companheiro. Além disso, podemos mergulhar tanto no estresse, que nossos pensamentos ficam se remoendo em torno do trabalho, do dinheiro, ou dos filhos. É como se vivêssemos numa bruma de ansiedade, que nos desconectasse de nosso companheiro.

Se isso vale para você, ânimo, porque há maneiras de superar esse distanciamento. Quando ficamos preocupados, não estamos realmente *presentes* ao lado do companheiro. Precisamos parar o que

intimidade

estamos fazendo ou pensando e restabelecer, conscientemente, uma conexão íntima. O segredo para fazer isso é com a conscientização. Quando nos tornarmos profundamente conscientes um do outro de novo, nossa sensação de intimidade aumentará.

Volte à lista dos cinco momentos íntimos. O que os tornou íntimos? Já mencionamos sentimentos de "afeição" e de "união". Que outras emoções poderiam ser citadas? Talvez um momento tenha sido íntimo porque você sentiu que ele encerrava uma experiência compartilhada; ou porque você se sentiu valorizado; ou porque havia uma sinceridade excepcional entre vocês; ou porque você teve uma sensação de bem-estar físico e emocional. Pense em como seu relacionamento está agora – com que freqüência você sente intimidade? Com que freqüência você percebe estar total e

receita de relacionamento

verdadeiramente consciente de seu companheiro? Utilize o exercício da página 21 para avaliar o verdadeiro nível de intimidade do relacionamento.

Nós nos acostumamos a alguns momentos íntimos em nosso relacionamento. Por isso, talvez não tenhamos consciência deles, ou os subestimamos. Podemos nos despir sem inibição. Podemos nos sentar juntos em um aposento e não sentir a menor necessidade de ser nada além de nós mesmos, ou sentir que estaríamos mais à vontade sozinhos.

Essa intimidade que se estabelece entre casais é tal que poucos serão os tabus a se evitar numa conversa – a não ser tocar em assuntos que possam provocar alguma perturbação emocional. Contudo, evite a armadilha do automatismo – essa intimidade passa a ser tão "costumeira", que nenhuma cortesia, nenhuma comunicação real, nenhuma atenção especial para com os sentimentos um do outro é considerada necessária. Você deve ter notado, às vezes com certo mal-estar, outros casais se comportando de maneira que considera sem cerimônia ou mal-humorada. Pergunte-se se há espaço em seu relacionamento para melhorar suas maneiras em relação a seu companheiro, para ser mais generoso e atento em suas delicadezas, para enviar um sinal de valorização de vez em quando.

Nunca dizer "por favor" ou "obrigado", ou dizer de modo apressado, mal-articulado, sem um sorriso; nunca dar bom-dia ou boa-noite; expressar o que pensa, não numa linguagem atenciosa mas numa série de ruídos não-verbais e gestos – tudo isso é sintoma de que sua intimidade talvez precise de um injeção de entusiasmo de sua parte, ou de vocês dois, para que tenham a noção de que se tratam com carinho.

intimidade

exercício 1
BARÔMETRO DA INTIMIDADE

O Barômetro da Intimidade mostra o nível de proximidade no seu relacionamento. Faça o exercício separadamente, mas ao mesmo tempo. Verifique esse comportamento no final de cada semana, durante seis semanas.

um

Faça 12 cópias desta página – duas para cada semana. No fim de cada semana, reúnam-se por alguns momentos sossegados e avaliem as afirmações separadamente, dando a cada resposta uma pontuação de 1 a 5. Depois, cada um soma o total.
Marcação dos pontos: **1** = nunca; **2** = raramente; **3** = às vezes; **4** = quase sempre; **5** = constantemente.

Nesta semana, você:
- *foi gentil comigo;*
- *me ajudou com alguma coisa;*
- *expôs idéias e sentimentos;*
- *dividiu tarefas comigo;*
- *passou algum tempo conversando comigo;*
- *riu comigo;*
- *mostrou carinho por mim.*

Nesta semana, eu:
- *me senti relaxado e calmo com você;*
- *me senti próximo de você;*
- *gostei de abraçar você;*
- *valorizei o que você tem de diferente;*
- *senti seu companheirismo.*

dois

Troquem as folhas e leiam a pontuação do companheiro. Não façam comentários, mas agradeçam ao companheiro. Depois, discutam como poderiam mostrar mais intimidade entre si. Em que áreas a pontuação é baixa? Que esforços cada um de vocês pode fazer para melhorar essas áreas? Talvez um de vocês sinta que algo não teve uma pontuação adequada – conversem sobre o motivo para isso. Será que um de vocês, sem querer, não subestimou algo que o outro fez?

receita de relacionamento

compromisso

O compromisso que temos um para com o outro deve ser um terreno bem cultivado, no qual nossos laços cresçam fortes e autênticos. Se não nos esforçamos para dedicar algum tempo ao outro e dar-lhe apoio, e não fizermos nenhum tipo de declaração de intenção duradoura (mesmo que seja como experiência), é provável que o amor pereça ou nos traga sofrimento. Para ter um relacionamento bem-sucedido, precisamos nos preparar para transformar boas intenções em esforços contínuos. Temos de ceder em algumas opções individuais, na esperança de sermos recompensados pela satisfação mútua. Depois, quando surgirem dificuldades, seremos capazes de ter uma visão duradoura do relacionamento e de avaliar a importância de cada problema, contra o pano de fundo de uma vida a dois, repleta de confiança, segurança e sinceridade.

Em termos ideais, o compromisso é um processo consciente, mas algumas pessoas se desviam das opções de vida que fizeram. Elas ficam presas a responsabilidades e não se lembram de terem se comprometido com determinada aspiração para o futuro. Talvez se perguntem: "Como vim parar aqui?". Essa passagem pode levar ao ressentimento e a uma sensação de ter caído numa armadilha.

O melhor a fazer é acompanhar as etapas do envolvimento no seu próprio ritmo e com total consciência de todas as implicações. Há vários pontos de referência neste percurso. Por exemplo: o momento em que vocês decidem não procurar novos parceiros constitui um primeiro marco. Contar segredos do passado pode ser o próximo. Viver junto é um divisor de águas muito claro, mas, bem antes disso, vocês podem ter começado a se comportar como um

compromisso

casal – tirando férias juntos, ajudando nas despesas domésticas etc. Entre outras etapas importantes estão a comunhão dos recursos financeiros e, é claro, o casamento e os filhos.

Visto assim, o compromisso parece uma série progressiva de passos naturais. Então, por que a ansiedade? Algumas pessoas temem que o compromisso signifique ficar preso a um relacionamento. Outras têm medo de serem exploradas financeiramente. Quase sempre, tais medos vêm de difíceis relacionamentos anteriores ou de uma sensação genérica de desconfiança. Divida essas ansiedades com seu companheiro. Crie um cronograma realista para o relacionamento. Deixe claro seus objetivos pessoais. Seja paciente. E prepare-se para seguir adiante mesmo que seu parceiro comece a adiar um novo passo que você deseja dar.

Eu sou sua,
você é meu.
Disso nós temos
certeza.
Você se abriga no
meu coração, cuja
chavezinha se perdeu.
Terá de ficar ali para
sempre.

Frau Ava (século 12)

receita de relacionamento

confiança

A confiança é uma rua de mão dupla: implica que um dos lados tenha vontade de ser digno de crédito e que o outro lado tenha confiança. Um exemplo radical é um par de trapezistas de circo, pendurados lá no alto. Um segura; o outro voa. Antes que o voador confie sua vida ao segurador, é preciso que ele faça a si mesmo algumas perguntas importantes: "O segurador é uma boa pessoa, que não me causará nenhum mal intencionalmente?", "Ele é confiável e se concentra bem – estará pronto para me segurar no momento decisivo?", "Ele é competente – tem capacidade e força para me segurar?". O voador quer ter certeza de que a resposta para essas perguntas seja um sonoro "sim", antes de sequer pensar em soltar a barra. Em seguida vem o momento de dependência absoluta, de vulnerabilidade, quando o voador se solta, jogando-se para as mãos do segurador.

No relacionamento, a confiança é um sentimento que tem de ser construído – o voador não seria capaz de avaliar a competência, a confiabilidade e a excelência do segurador se tivesse acabado de conhecê-lo. Quanto mais tempo ficamos juntos, mais conhecemos nosso companheiro e mais sentimos que podemos confiar nele – ou não, conforme o caso. A confiança é um princípio retrospectivo, que examina o registro do trajeto já percorrido. Por isso é tão importante levar nossas responsabilidades a sério: um borrão em nosso caderno pode ser difícil de apagar e, por causa de um único deslize de caráter, nosso relacionamento pode sofrer muito, tenha sido ele movido por egoísmo, negligência, boas intenções, besteira ou por más intenções mesmo. É claro que existe uma escala de importância, e esquecer de comprar água mineral, apesar da

confiança

recomendação que você recebeu ao sair de casa, não é a mesma coisa que desapontar seu colega no espetáculo do circo. Esquecer de pedir os remédios na farmácia pode ser uma questão diferente. Não há dúvida de que qualquer dessas omissões poderia ser facilmente corrigida, mas elas trazem como conseqüência dois problemas diferentes. Em primeiro lugar, no aspecto prático, de que modo o relacionamento pode prosseguir tranqüilamente, se um dos parceiros mostra que está propenso a desiludir o outro? Assim que os comportamentos recíprocos começam a perder o brilho, imagine a ansiedade que acompanhará qualquer pedido para o companheiro fazer alguma coisa. Em segundo lugar, aqui existe um simbolismo: o problema de trair a confiança de seu companheiro é que isso pode ser entendido como falta de consideração. O esquecimento não é, necessariamente, um lapso mental: também pode

receita de relacionamento

ser interpretado como preocupação com nossos próprios interesses, egoísmo, falta de atenção para com o outro. Em suma, o esforço que você faz para justificar a confiança depositada em você, mesmo em questões menos importantes, é um dos segredos de um relacionamento saudável.

Se vocês vivem juntos, diversos itens da administração da casa irão se refletir mal em ambos, se isso for tratado de maneira irresponsável. Por exemplo: se seu parceiro se responsabilizar por algumas contas e não as pagar em dia, isso é uma quebra de confiança. Certamente, há diversas questões de muito mais peso dentro da categoria "confiança" – principalmente a fidelidade e, num sentido mais amplo, o respeito ao compromisso declarado de levar à frente o relacionamento. A saúde também pode desempenhar uma parte nisso, numa série de itens, desde prometer que vai ao médico e não cumprir até fazer uma tentativa sincera de vencer algum vício. Nessas questões sérias, a confiança começa a permear todas as conversas. Promessas são exigidas e feitas, colocando o significado da confiança num nível ainda mais elevado. Quebrar uma promessa é como se autodestruir: o mais acertado é não prometer nada, se você imaginar que não conseguirá um resultado satisfatório – é melhor apenas prometer que *vai tentar*.

Um problema muitas vezes negligenciado, e com o qual devemos nos preocupar, é a *desconfiança* injustificada. Exemplo disso seria uma pessoa com dificuldade para aceitar que o parceiro realmente a ama, porque sua auto-estima é baixa. Nessa situação, pedir confiança pode ser mais eficaz do que tentar provar essa confiança. O amor não pode ser submetido a provas nem a contestações, por isso a confiança é um componente tão fundamental dele.

confiança

Sempre falamos em "conquistar a confiança de alguém", e essa é uma ótima expressão pois realça o fato de que a confiança representa um aspecto valioso do relacionamento amoroso. Se nossos parceiros confiam completamente em nós, isso é uma dádiva inestimável – eles dedicaram uma importante parte de si mesmos para cuidar de nós; e se realmente desejamos mostrar-nos envolvidos nesse relacionamento, devemos fazer todo o possível para tratar esse privilégio de maneira responsável e amorosa.

A PROEZA DE SE ENTREGAR

Quando nossa capacidade de confiar é rompida – seja na infância ou na maturidade –, consertá-la pode ser um longo processo. Experimente este exercício, que ajuda a reconstruir a confiança que você tem em seu parceiro, sem a necessidade de discutir o relacionamento. Se você sempre precisa ser tranqüilizado quanto ao fato de seu companheiro se preocupar com seu bem-estar, faça de novo o exercício. Para isso, só vai precisar de uma venda para os olhos e uma echarpe.

Coloque a venda e peça a seu companheiro que amarre frouxamente suas mãos nas costas, usando a echarpe. Em seguida, ele deve pôr o braço direito em volta de sua cintura e segurar seu braço esquerdo com a mão esquerda dele. Nos 5 minutos seguintes, ele deve guiá-lo pela casa (em silêncio, pelo percurso que quiser), levando você de cômodo em cômodo, rodeando móveis, atravessando portas, subindo escadas, pelo jardim e pelo quintal. Depois, discutam como você se sentiu. Pergunte-lhe como é receber essa confiança total. Quando se sentir preparado, repita o exercício em algum parque. Que diferença isso faz? Exige mais ou menos confiança em seu parceiro? Depois, experimente o exercício com o companheiro vendado, e você como guia. Discutam como ele se sente e como isso se harmoniza com sua experiência ou se diferencia dela.

receita de relacionamento

empatia

A capacidade de se identificar completamente com os sentimentos de outra pessoa, sem ser dominado por eles, é ingrediente básico de um relacionamento bem-sucedido. Isso é empatia. Não se trata apenas de compreensão, mas de uma reação de interesse mútuo. De que modo um casal poderia ser feliz junto, se cada um não pudesse (ou não quisesse) sentir *da mesma forma* que o companheiro – sem ter uma sensação vívida das emoções dele?

Há três grandes passos para sentir empatia por alguém: reconhecer as emoções do outro pelo que elas são; colocar-se no lugar do outro, para entender totalmente de onde vêm as emoções; e identificar-se com as emoções – a ponto de você mesmo senti-las – de tal modo que você reaja de maneira adequada. Adam Smith, filósofo do século 18, ressalta muito bem esses três passos em sua obra *Teoria dos sentimentos morais*. Ele descreve o reconhecimento das emoções, como trazer "um invólucro protetor para o âmago da própria pessoa"; colocar-se no lugar do outro, como "ter vontade de trocar de lugar com ele"; e sentir as emoções do outro, como "ter o coração pulsando na mesma batida".

A empatia tem início com uma percepção altamente sensível das emoções do outro. Contudo, essas emoções quase sempre são codificadas em nossa linguagem corporal, e não costumam ser reveladas diretamente. Com a prática, podemos nos treinar para perceber o modo como as emoções de nosso companheiro se apresentam, apenas prestando mais atenção. Por exemplo: quando ele volta do trabalho, tente imaginar o tipo de dia que teve, a partir de sua postura e de seus modos. Se teve um dia difícil, os ombros devem estar caí-

dos e talvez esteja com um ar de derrota; se teve um dia produtivo, estará ereto (e andará com passos confiantes) e talvez esteja mais animado do que normalmente. Se conseguirmos assimilar esses sinais e reagir de maneira empática, nosso companheiro se sentirá compreendido e prestigiado.

    A capacidade de criar empatia com seu companheiro também aumenta se vocês comentarem entre si suas emoções. Um exemplo disso seria: pedir ao parceiro para usar metáforas ou analogias, como: "Sinto-me como se estivesse vazio" ou "Sinto-me como se pudesse conquistar o mundo". O uso de linguagem expressiva para transmitir as emoções de maneira exata, em vez de dizer simplesmente, por exemplo, "Estou triste" ou "Estou com raiva", facilita ao parceiro colocar-se no seu lugar.

A empatia é um ato de imaginação e só irá ocorrer se você se acostumar a estimular sua imaginação. Reflita se tem conseguido fazer isso. Você toma decisões sem levar em conta como elas afetarão seu companheiro? Você o humilha na frente dos outros? Procure se lembrar da última vez em que foi desatencioso com o parceiro e imagine como se sentiria se os papéis fossem invertidos.

É mais difícil criar empatia em condições estranhas para sua personalidade ou suas experiências. Digamos, por exemplo, que seu parceiro teve um mês terrível no trabalho – ele teve de trabalhar até tarde todos os dias e nos fins de semana, lutando contra uma crescente carga de trabalho, sem nenhum apoio dos colegas. Em contrapartida, você tem um emprego que exige habilidades bem diferentes, que lhe tem proporcionado ótimos momentos, e um ambiente simpático. Numa noite, seu companheiro chega em casa e explode. Ele tenta explicar, mas o cenário não lhe é familiar. Nesse caso, a empatia se manifesta numa vívida preocupação de compreender melhor a crise, e ajudar o mais que puder. A situação talvez exija muitas explicações. Mas, ao escutar com paciência e atenção, você consegue penetrar num campo até então desconhecido – como o herói de um mito, que penetra no Inferno para salvar uma das vítimas do Diabo.

Quando nos permitimos, de fato, ser tocados pelas emoções de outro ser humano e fazemos um esforço para entender o que ele pode estar sentindo, passamos da empatia para a compaixão – o envolvimento sincero, positivo, construtivo na condição do outro. Veja mais sobre *Compaixão* nas páginas 102-5.

empatia

exercício 2

UM OLHAR ATRAVÉS DA VIDRAÇA

Este exercício permitirá que você e seu companheiro entendam o processo de pensamento um do outro. Ajudará você a desenvolver a capacidade de reconhecer as emoções do parceiro. E, em momentos difíceis, será útil para vocês se tranqüilizarem mutuamente, mostrando que estão tentando compreender os sentimentos um do outro.

um
Escolha um momento em que ambos estejam relaxados e um local em que possam trabalhar juntos sem serem perturbados. Concentre-se na empatia que já criou por seu companheiro. Pense em como ele tem se sentido ultimamente, e imagine-se ao lado dele nesses sentimentos, sendo sensível a eles e até sentindo a mesma coisa.

dois
Observe o corpo e o rosto de seu companheiro para achar pistas de seus sentimentos mais íntimos. Uma postura arqueada indica resignação ou tristeza, já uma postura ereta revela autoconfiança. Os olhos dele parecem tristes ou amedrontados? Veja como está a boca de seu parceiro, que lhe dirá se ele está feliz, sentindo-se rejeitado, está triste ou com raiva. As mãos dele estão apertadas, com raiva, ou inquietas, com medo? Na primeira vez, talvez seja difícil perceber mudanças sutis no rosto e no corpo de seu companheiro, mas se tornará mais observador com a prática.

três
Revele suas observações para o companheiro. Você pode dizer: "Percebi que suas mãos estão apertadas e imagino que você esteja frustrado ou com raiva". A cada comentário seu, peça que o parceiro corrija ou confirme suas suposições. À medida que for em frente, você ficará cada vez mais absorvido pela situação, se tornará mais sensível e perspicaz, e poderá sentir quando surgem emoções fortes.

quatro
Quando cada um já tiver feito o exercício de observação, vocês devem comentar suas experiências. Depois, façam algo tranqüilo e divertido para se revigorarem em termos emocionais e mentais.

sinceridade

> *O amor é paciente e bondoso. Não é ciumento nem orgulhoso nem vaidoso. Não é grosseiro nem egoísta. Não se irrita nem fica magoado. O amor não se alegra quando alguém faz algo errado, mas se alegra quando alguém faz o que é certo.*
>
> 1 Coríntios 13:4–6

Antes de começar a examinar o papel da sinceridade no relacionamento, devemos refletir sobre a terminologia. Ser "sincero" é diferente de ser "verdadeiro", embora seja, ao mesmo tempo, uma parte fundamental dessa condição. É importante em nossa busca pelo significado espiritual, e para as questões básicas que fazemos a nós mesmos nessa busca: "De onde vim?", "Aonde estou indo?", "Qual é o meu objetivo na vida?".

Se somos verdadeiros, agimos de tal modo que, instintivamente, sabemos estar certos. Entre outras coisas, isso significa que somos honestos. A maioria dos códigos morais exige honestidade, pois a harmonia entre as pessoas é perturbada pela mentira. Nós nos sentimos mais felizes quando seguimos a inclinação natural de acreditar naqueles que amamos. E quando nossa confiança no que essas pessoas dizem e sugerem é traída, isso nos afeta profundamente. Perceba também o efeito que a desonestidade provoca naquele que a comete: quando você mente, uma parte sua sente vergonha e culpa. Em geral, os sentimentos desagradáveis costumam provocar uma vontade de fugir ou de se afastar da pessoa a quem enganou, pois a presença dela lhe faz lembrar, o tempo todo, de sua transgressão. Se você foi infiel, ou por qualquer outro motivo está enredado numa rede de mentiras, começará a se sentir cada vez mais distante de seu companheiro. É como se o amor exigisse que você se colocasse por inteiro no relacionamento. Se você sonega uma parte de si mesmo, o amor tende a definhar. Se mentir ou distorcer a verdade ao se comunicar com seu companheiro, estará traindo seu verdadeiro eu – sua integridade –, além de trair a confiança dessa pessoa.

sinceridade

Com estranhos ou meros conhecidos, a sinceridade continua sendo uma questão moral, porém de menor importância. Todos nós conhecemos pessoas que costumam se resguardar de estranhos, principalmente ao tocarem em assuntos pessoais. Os diversos motivos para se comportar desse jeito vão desde a simplicidade ou a timidez até acreditar que a vida pessoal, em especial aquelas áreas que são divididas com um companheiro, não deve ser exposta. É tudo uma questão de temperamento.

Mesmo quem tem personalidade expansiva tem uma tendência a usar "máscaras" no relacionamento com os outros, para parecer mais atraente ou impressionar mais. Algumas pessoas usam a máscara de "boa pessoa", com um sorriso estampado, sempre dizendo que tudo vai "bem", mesmo que lá por dentro tudo esteja no maior tumulto.

Existe também a "pessoa forte", que sempre controla tudo, nunca se queixa, e sempre é eficiente e calma em pleno tiroteio – enquanto por trás está uma pessoa ansiosa, com baixa auto-estima. Há uma enorme variedade de "máscaras" – de quem adora festas, da pessoa séria sem tempo para se divertir, de prestidigitador que enfrenta qualquer exigência emocional. Faça o exercício da página 35 para descobrir mais coisas sobre seu verdadeiro eu: você vai achar assustador, mas fascinante.

Se queremos ser sinceros em tudo que fazemos ou dizemos um ao outro, nosso relacionamento estará baseado no realismo, e cada parceiro conhecerá muito bem o outro. Eu disse "tudo que fazemos ou dizemos", mas, na realidade, muitas pessoas têm segredos, mesmo para com aquelas mais próximas. Tais segredos costumam estar em áreas restritas do passado, e não há necessidade de pensar que esses cantos sombrios precisam ser expostos – isso pode fazer mais mal do que bem, já que levanta a questão: "Por que me contar isso agora?". No entanto, os segredos atuais – por exemplo, uma amizade estreita e não declarada, com toques românticos – com toda certeza são contra o espírito de um relacionamento cheio de amor e confiança.

Nem é preciso dizer que qualquer "máscara" que você use com seu companheiro é adotada com intenções desprezíveis. Você pode esconder um mal que algum parente lhe fez porque sabe que seu parceiro tem problemas familiares piores, ou porque tem medo de ser chato. Mesmo nesses casos, em geral é melhor ser sincero, sem exigir muita atenção ou simpatia.

Por vezes, a verdade é dolorosa. Se ouvir comentários desagradáveis a seu respeito, aceite-os. E valorize a coragem e a honestidade de seu companheiro ao expressá-los.

sinceridade

exercício 3
SEM MÁSCARAS

No dia-a-dia, muitas vezes usamos "máscaras" que revelam apenas alguns lados de nós mesmos e ocultam nossa verdadeira natureza. Para que seu relacionamento funcione, você tem de tirar as máscaras e mostrar-se verdadeiramente a seu companheiro. Quando fizerem este exercício, dêem o máximo de apoio emocional um ao outro. Vocês vão precisar de cartolina, lápis de cor, barbante, tesoura e fita adesiva.

um
Sentem-se juntos, confortavelmente. Passem alguns minutos escolhendo qual das "máscaras" diárias você mais usa com seu parceiro. Talvez seja a de pessoa atenta ou de confidente, o que realmente esconde a sua parte frustrada ou carente. Imagine qual seria o formato dessa máscara, se pudesse entrar numa loja e comprá-la.

dois
Peguem os lápis e desenhem cada um a sua máscara, de tamanho real, numa cartolina. O lado artístico não tem importância – apenas façam o melhor que puderem. Recortem os olhos da máscara e amarrem dois pedaços de barbante para prendê-la no rosto. Não se preocupem se vocês se acharem gozados: rir ajudará a manter o exercício leve e positivo.

três
Decidam quem colocará a máscara primeiro. Essa pessoa prende a máscara e fala desse aspecto de si mesmo. Por exemplo: se sua máscara for a da pessoa atenta, você pode falar do fato de não conseguir pedir ajuda para si. Tire a máscara e enumere em voz alta cinco emoções ou características que o uso da máscara não permite que você revele na vida diária. Discuta como e por que você esconde seu verdadeiro eu por trás dessa imagem. De que modo seu companheiro pode ajudá-lo a tirar essa máscara para sempre?

quatro
Quando os dois completarem os passos anteriores, digam, em 5 minutos, o que um mais gosta no outro. Depois, discutam os pontos levantados que vocês acham que não refletem seu verdadeiro eu – pelo menos não o tempo todo. De que modo seu parceiro pode tê-lo interpretado mal e por quê? Para terminar, dêem-se um grande abraço.

receita de relacionamento

gentileza

A gentileza está profundamente ligada à felicidade: quanto mais gentil você for com os outros, mais feliz se sentirá. Essa é a lei do carma, dos retornos merecidos. Sharon Salzberg, mestre da meditação budista da "gentileza amorosa", descreveu a gentileza como a capacidade de abraçar calorosamente todas as partes de nós mesmos, assim como todas as partes do mundo. Na realidade, a gentileza é a maior das artes humanas. E, à medida que você a pratica, seu coração vai se abrindo, inspirado por uma sensação de felicidade e paz.

De fato, a gentileza é um instinto natural, revelado até por primatas, nossos "primos" do reino animal, quando se arrumam e dão de comer uns aos outros. Mas, conforme envelhecem, os humanos podem se afastar desse impulso, quando o coração se volta apenas para experiências dolorosas de medo, dor e desapontamento.

Para descobrir como ocorre a gentileza, pense em si mesmo tomando uma iniciativa gentil na fila do caixa do supermercado – talvez deixando uma pessoa idosa passar na sua frente. Sorrisos são trocados e você sente um raio de contentamento atravessá-lo, enquanto suas próprias preocupações desaparecem por alguns instantes. Sua ação foi espontânea: não havia a idéia de ser "bom" ou "gentil", apenas uma corrente natural. Ser gentil dessa maneira depende de perceber a outra pessoa e as necessidades dela. Você reagiu, sobretudo, num espírito de cordialidade. Esses são aspectos essenciais da gentileza. Em contrapartida, os obstáculos à gentileza são o egoísmo, o ressentimento, o medo e a pessoa autocentrada.

Agora que já leu meu relato sobre a gentileza com um estranho, preste atenção no modo como você se comporta com seu compa-

gentileza

nheiro. É gentil e atencioso com ele? Às vezes, parece mais fácil ser gentil com alguém que não conhecemos do que com quem amamos. Por que isso ocorre? Talvez porque tenhamos a tendência de dar como certa a presença dessa pessoa tão próxima; talvez sejamos desatentos; talvez levemos o relacionamento em meio a um mar de preocupações, que nos impede de atender às necessidades do parceiro; ou talvez simplesmente imaginemos que a gentileza não faz parte do repertório mutuamente escolhido de reações adequadas às nossas vidas. Se isso se aplicar ao seu relacionamento, você estará preso a uma incapacidade perpétua de efetivar seu verdadeiro potencial, mas poderá consertar isso se tomar uma medida unilateral.

Às vezes, acumulamos ressentimentos de mágoas passadas de um jeito que nos impede de ser gentis e abertos com aqueles que amamos – queremos ser gentis, mas deixamos escapar pequenos sarcasmos nocivos e comentários cheios de farpas. E há vezes em que a frustração de outras partes de nossa vida respinga no nosso relacio-

receita de relacionamento

namento, e nos tornamos grosseiros e até malvados. Se algum desses fatos se encaixa em sua vida, tome agora a decisão consciente de modificar o modo como se relaciona com seu parceiro e descubra a arte da gentileza. Você precisa criar uma aproximação envolvente e atenta com seu companheiro e tem de estar *mais presente* nesse relacionamento.

Há um jeito simples de pôr em prática essa idéia de estar presente. Treine-se a observar seu companheiro mais vezes do que faz atualmente, e respire profundamente, e devagar, ao fazer isso. Silencie o palavrório dos seus pensamentos. Quando ele falar com você, tire os olhos do jornal ou da TV ou de qualquer coisa que esteja fazendo, respire fundo e devagar, e preste total atenção em seu parceiro. Imagine que sua mente está cheia de nuvens, que somem para revelar um céu claro – o espaço vazio reservado para oferecer sua completa atenção.

Sem bondade não pode haver a verdadeira alegria.

Thomas Carlyle
(1795–1881)

Pense na gentileza como um modo natural de ser. Lembre-se do jeito que dizemos: "Poderia me fazer a gentileza de...?". Nessa frase cortês, indicamos que a gentileza é um comportamento esperado pelo ser humano, que faz parte da nossa linguagem e que não precisa de ênfase para ser compreendida. Assim, tente corresponder ao que seu parceiro espera de você.

E se você perceber que está recebendo mais gentileza do que está oferecendo? Bem, se isso o incomoda, talvez a questão deva ser colocada para seu companheiro. Mas, se possível, procure não se prender a esse tipo de comparação. Atributos, como a gentileza, não podem ser quantificados, por isso de nada adianta tentar determinar se existe igualdade. O verdadeiro espírito da gentileza é doar sem calcular quanto isso custou.

gentileza

exercício 4
O PRESENTE SECRETO

Neste exercício, você fará delicadezas conscientes para seu companheiro. Porém, o benefício real será para você. Cada vez que for atencioso e gentil, seu coração se abrirá mais um pouco, e é provável que você se sinta mais leve e mais feliz. O exercício consta de duas partes. A primeira parte inclui atos secretos de gentileza – secretos de modo a ter certeza de que seus motivos são puros. A segunda parte se concentra em uma nova atitude que você pode tentar sempre que houver divergências entre vocês. Os dois exercícios são maneiras de doar presentes secretos a seu parceiro. Se quiser, você pode tentar cada parte separadamente.

um

Pelo menos três vezes por semana encontre uma maneira de ser gentil com seu companheiro sem que ele saiba de sua intenção. Por exemplo: você pode procurar algo que seu parceiro perdeu e colocá-lo num lugar onde será fácil de achar, para dar a ele a satisfação da descoberta. Ou você pode, sem que ele saiba, renunciar a uma saída com amigos e surpreender seu parceiro com ingressos para um novo filme que ele estava louco para ver. O elemento comum a esses dois exemplos é que em nenhum deles você chama a atenção para o seu feito ou seu mérito.

dois

Cada vez que sentir a frustração ou a raiva crescendo como reação a algo que seu companheiro disse (ou fez), faça um esforço consciente de pôr em prática a "gentileza amorosa". Numa discussão, a reação natural é explodir, contra-atacar ou diminuir-se. Mas, na próxima vez em que houver uma divergência calorosa, tente algo novo. Fique calmo, e resista ao impulso de continuar o ataque ou de se retrair em pânico. Respire profundamente, e faça um esforço consciente de admitir, mas não acompanhar suas emoções. Agora, perceba, num espírito de gentileza, que aquilo que seu companheiro está dizendo é apenas o modo como ele percebe a situação. Durante a argumentação, concentre-se no que vocês têm em comum, não em suas diferenças. Mantenha a voz baixa e pausada, e os movimentos corporais lentos. Não faça todas aquelas observações mordazes que faria. Em vez disso, façam um ao outro perguntas construtivas, como: "Como melhorar as coisas para você?" ou "O que deveríamos fazer de diferente na próxima vez?".

receita de relacionamento

respeito

Independentemente do amor que existe no relacionamento, se vocês se tratarem com desrespeito, sem dúvida isso os levará à infelicidade. Em compensação, um alicerce feito de respeito permite que o amor cresça e floresça. Respeito é a valorização das qualidades positivas, o desejo bem-intencionado de permitir que tais qualidades assumam seu significado legítimo na maneira como consideramos um ao outro e nos comportamos um com o outro.

Uma base necessária para o respeito é o modo como você trata a si mesmo. Se tiver uma auto-estima baixa, o verdadeiro respeito pelos outros será difícil de aparecer, já que você sempre estará fazendo comparações entre você e a outra pessoa, possivelmente com um toque de inveja. Pode até perceber que estará reagindo contra as qualidades positivas de seu companheiro, achando um jeito de depreciá-las, tanto abertamente como apenas em pensamentos. Uma saudável noção de autovalorização, porém, lhe dá uma noção clara das coisas, de tal modo que poderá reconhecer os méritos de seu parceiro sem se afetar por nenhuma contracorrente emocional. Você simplesmente admira essa pessoa, e essa admiração se torna parte integrante de seu amor.

Uma forma comum de comportamento que se opõe ao respeito é o comentário mordaz com o qual um dos parceiros procura fazer o outro se sentir diminuído. É difícil lidar com um comentário mordaz, porque ele costuma surgir, inesperadamente, na presença de outras pessoas que presenciam um conflito constrangedor se você resolver revidar. Além disso, ele assume a forma de uma brincadeira, o que lhe confere um escudo protetor: se você ficar com raiva ou

respeito

chateado, poderá ouvir: "Qual é? Você não sabe brincar?" – o que aumenta o nível de agressão contra você. Convém deixar claro que os comentários mordazes não devem ser aceitos no diálogo entre pessoas que se amam. Na realidade, esse tipo de comentário nem é um diálogo, e tem péssimos reflexos em quem o faz. Essas agressões devem ser enfrentadas com firmeza. Você pode dizer, num tom de voz controlado: "Esse tipo de comentário machuca. Com licença…", e sair de onde estiver. Não é um exagero se comportar desse modo, mesmo na frente de amigos, pois a mensagem de que isso é insuportável ficará bem clara. Mas, nessa ou em outras situações, talvez prefira guardar seus comentários até que você e seu companheiro fiquem sozinhos. Seja absolutamente claro, mostrando que os limites do comportamento aceitável foram ultrapassados, e que você não irá tolerar isso de novo. A provocação, apesar da semelhança, costuma se diferenciar do comentário mordaz, e se você não gosta de ser provocado, pode mostrar isso de maneira mais moderada.

Respeitar o companheiro significa concentrar-se naquilo que é bom em seu caráter ou em suas realizações. É possível fazer comentários acerca deste ou daquele hábito ou aspecto da personalidade, já que ninguém é tão perfeito a ponto de estar imune a esse tipo de crítica. Porém, é muito mais saudável se concentrar no que há de positivo. Talvez perceba que a idealização que você fez de seu parceiro nos primeiros arroubos do amor esteja "desbotando". Ou, quem sabe, você pense que uma das características que, no início, atraíram você, com o passar do tempo se tornou irritante. Para mencionar um caso extremo, quem se apaixona por um gênio costuma logo descobrir que essa grande pessoa é extremamente autocentrada. Para obter uma nova visão, pergunte-se quais são as coisas boas que as diferenças entre você e seu parceiro trazem para a sua vida. Essa pergunta é muito interessante e importante, quando você a aplica aos traços de personalidade que considera mais difíceis de lidar.

Se o seu companheiro tem cultura, origem étnica ou religião diferente, um modo de mostrar e manter respeito é aprender o máximo que puder sobre essas características dele. Pense que seu relacionamento está sendo enriquecido com essa fusão cultural. E lembre-se de que suas diferenças são tão significativas para ele quanto as dele para você. Um de vocês pode pertencer a uma minoria étnica ou religiosa na área ou no país em que moram, e as minorias costumam ficar em evidência. Mas essa evidência não deve depreciar a noção que uma pessoa tem de si mesma. Você é

respeito

conhecido por sua individualidade e sua experiência, assim como pela escolha que fez de seu companheiro.

Por fim, temos de observar a maneira como o respeito pode ser ameaçado por erros humanos. Imagine que você respeita a capacidade profissional de seu parceiro, como consultor financeiro, mas que um dia ele fez seus clientes perderem muito dinheiro na bolsa de valores porque, naquele momento, sua análise das tendências econômicas estava enganada. Ele perderá o seu respeito? A resposta deve ser que qualquer pessoa pode cometer erros, que esse campo de empreendimento é sujeito a riscos e que você não tem qualificações para dizer que, nesse caso, o risco era inaceitável. Nunca se esqueça de que, agora, essa pessoa que você ama precisa de sua empatia e de seu apoio mais do que nunca. Não lhe negue o seu respeito, a menos que seja forçado a isso.

RELAÇÃO DE PONTOS POSITIVOS

Para cultivar seu auto-respeito – necessário para respeitar os outros –, você precisa identificar e valorizar seus pontos positivos. Em seu diário, anote semanalmente as ocasiões em que seus pontos positivos dominaram. Se ouvir seu "diabinho" (isto é, seu lado negativo) cochichar críticas em seu ouvido, dê um peteleco nessa criatura para ela sair de seu ombro.

Anote os momentos em que as qualidades de seu companheiro brilharam e lembre-se de que os traços de personalidade e as habilidades dele também são seus pontos positivos. Mantenha um registro – ou faça anotações mentais, se não for bom em fazer diários – de todas as vezes em que você vê essas qualidades funcionando a seu favor. Cumprimente seu parceiro em cada manifestação de uma qualidade boa, faça-o saber que o admira.

receita de relacionamento

tranqüilidade

Paz é algo que encontramos tanto na natureza como em casa, quando conseguimos escapar das exigências e tensões do dia-a-dia da vida moderna. Em termos ideais, um relacionamento também deveria oferecer um refúgio e criar uma fortaleza contra todas as pressões do mundo exterior, como as profissionais, as sociais e as financeiras.

No entanto, de vez em quando, a vida em casa não tem nada de tranqüila, principalmente quando se têm filhos ou parentes morando junto. Você ficará sempre sob pressão para atender às exigências deles, além de procurar satisfazer as de seu parceiro. Não é de surpreender, então, que muitas pessoas vejam na tranqüilidade um ingrediente muito desejável, até necessário, em suas vidas. A tranqüilidade está associada à satisfação, à libertação do estresse, à libertação das interferências. É o estado de espírito com o qual meditamos e no qual, pela meditação, vislumbramos nosso verdadeiro eu. Então, como fazer para ter tranqüilidade na vida a dois? E o que essa expressão significa exatamente?

Em primeiro lugar, a tranqüilidade é uma qualidade mais encontrada dentro de si mesmo do que em fatores externos. Isso é uma coisa boa, pois significa que mesmo uma casa com duas ou três crianças pequenas, entre as quais um bebê que chora à noite, pode se tornar um lugar tranqüilo. O segredo para conseguir tranqüilidade é seguir o fluxo da vida, em vez de ir contra ele, o que pressupõe paciência, aceitação, e a noção de que é inútil tentar impor nossa vontade em circunstâncias que estão fora de nosso controle. Isso também pressupõe reconhecer nossas conquistas com muito mais

tranqüilidade

sensibilidade do que reconhecemos nossos infortúnios. Assim como em todas as artes, precisamos exercitar a descoberta da paz a fim de melhorar nossa capacidade de descobri-la. E, assim, ocorre uma coisa mágica: a tranqüilidade se torna contagiosa. Você começa um movimento de quietude dentro de suas quatro paredes, e isso se espalhará em círculos concêntricos, que irão tocar todos ao seu redor.

Em segundo lugar, a tranqüilidade significa permanecer voltado para dentro de si mesmo e, ao mesmo tempo, adaptar-se às mudanças. Se formos flexíveis em pensamentos e ações, conseguiremos resistir às tempestades do relacionamento. O bambu é um excelente símbolo dessa flexibilidade, copiado da filosofia oriental. Quando tocado pela fúria do tufão, o bambu verga; mas, logo que a tempestade passa, ele se endireita. Se você for flexível em pensamentos e ações, não será prejudicado com facilidade. E vai achar muito mais

receita de relacionamento

Encontramos repouso em quem amamos e oferecemos um local de repouso para aqueles que nos amam.

São Bernardo de Clairvaux (1090–1153)

fácil conseguir a tranqüilidade. Adaptar-se às mudanças significa aprender com aquilo que é novo ou difícil. Quando ficamos abertos para aprender, estamos sendo flexíveis. Reserve alguns momentos para pensar numa situação difícil que enfrentou recentemente em seu relacionamento, e pergunte-se: "O que posso aprender com isso?".

No relacionamento, a aceitação leva a mais tranqüilidade porque diminui o atrito. Uma das coisas que você não consegue modificar é a personalidade de seu companheiro – embora possa infundir bons hábitos pelo exemplo ou pelo incentivo. Se tentar mudar o que não dá para ser modificado (como procurar alterar a marcha do tempo), é inevitável que você falhe e, em conseqüência disso, se sentirá profundamente frustrado. (Na realidade, não há nada mais frustrante do que nos empenharmos em vão.)

A impaciência é inimiga da tranqüilidade. Sempre que seu relacionamento sofrer uma transição – por exemplo, quando você e seu parceiro estiverem caminhando para um compromisso mais sério, ou no processo de discussão sobre algo que querem no futuro – é importante permitir que as coisas ocorram num ritmo que talvez seja bem mais lento do que você gostaria. Se os seus anseios estão fugindo de você a galope, como os cavalos selvagens, a única reação razoável é diminuir o ritmo. Respire fundo e calmamente, e reflita sobre o fato de que os diferentes aspectos da vida têm seu próprio período de gestação e também variam de um indivíduo para outro. O próprio amor pode acontecer em um momento, ou num período de semanas ou meses, ou até anos. Para vocês ficarem tranqüilos, deixem que cada desenvolvimento de seu companheirismo tenha seu ritmo natural de crescimento.

tranqüilidade

exercício 5
MOMENTOS TRANQÜILOS

Um jeito maravilhoso de criar tranqüilidade no seu coração e no relacionamento é passar alguns momentos sossegados juntos, talvez em meditação ou oração. Aqui está uma maneira simples, mas eficiente, de meditar junto. Procure fazer o exercício pelo menos uma vez por semana. Esse é um modo excelente de começar a "Hora do coração", descrita na Estratégia do Tempo (pág. 125). Será preciso um relógio para cronometrar o exercício, que deve durar aproximadamente 10 minutos.

um
Escolham um cômodo tranqüilo, onde vocês não sejam interrompidos, e um momento em que estejam bem alertas. Coloquem o relógio onde possam vê-lo e marcar o tempo.

dois
Sentem-se lado a lado. Mantenham a postura ereta – sentem-se numa cadeira que dê apoio às costas, ou num colchonete no chão, empurrando o tórax para fora, a fim de endireitar as costas. Apóiem as mãos nas coxas, com a mão esquerda cruzada com a direita e a ponta do dedão se tocando de leve.

três
Mantendo a cabeça ereta, desçam o olhar até o chão. Agora, concentrem-se na percepção do corpo. Notem a pressão da cadeira ou do colchonete nas nádegas, os braços apoiados nas coxas, o ombro perdendo a tensão.

quatro
Prestem atenção no ar que entra e sai na respiração, que deve ser a âncora que os mantém no momento presente. Abram sua percepção para os sons à sua volta e deixe-os penetrar em vocês. Quando os pensamentos quiserem afastar vocês do presente, concentrem-se de novo na respiração. Deixem os pensamentos flutuarem como nuvens. Apenas existam.

cinco
No final do exercício, cada um olha para seu parceiro, inclinando levemente a cabeça, e juntando as mãos num gesto de amor e respeito. Reconheça-o como companheiro de peregrinação no caminho para a tranqüilidade.

capítulo 2

a arte do realismo positivo

Ser positivo significa usar a força da esperança para fazer mudanças. Ao ser realista, você vive a vida como ela é, enfrentando as dificuldades e, também, aproveitando ao máximo os ingredientes valiosos de sua relação amorosa. Juntos, esses atributos criam a arte do realismo positivo.

    Neste capítulo, você verá como estabelecer e atingir objetivos realistas para seu relacionamento; como viver no presente, de modo a tirar o maior proveito de cada momento que estiverem juntos; e como lidar com emoções difíceis, como raiva, ciúme e medo, para que elas unam vocês em vez de separá-los.

    E o mais importante é que este capítulo lhe mostra como chegar à sabedoria emocional que está escondida em você. Quando você encontrar e colocar em prática essa sabedoria, será capaz de transformar até as situações aparentemente sem esperança em oportunidades para mudança.

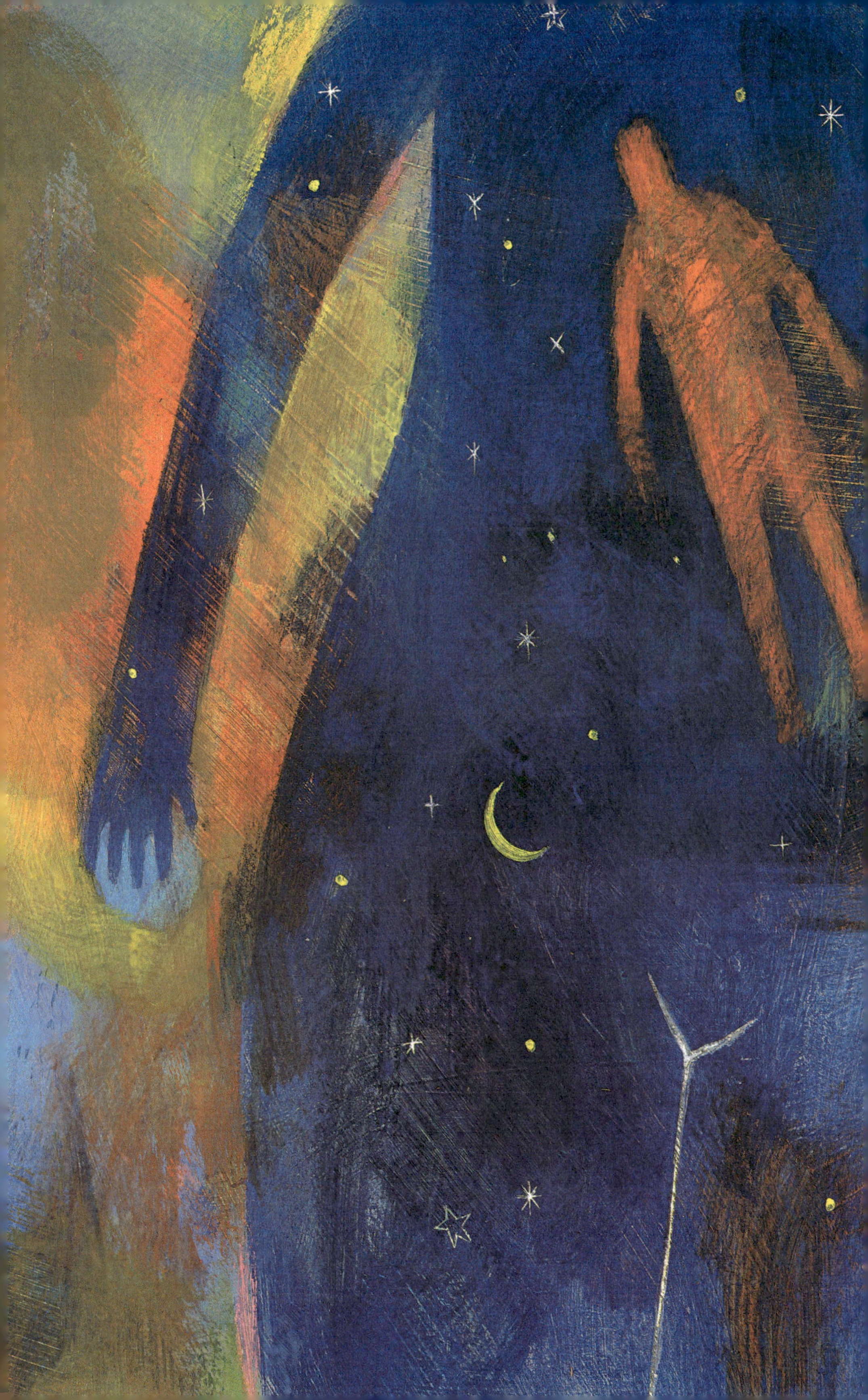

a arte do realismo positivo

o barômetro sexual

As condições da vida sexual de um casal costumam ser um barômetro do seu relacionamento: quando ele está feliz, as relações sexuais estão bem, mas quando ocorrem problemas em outras áreas de sua vida, o sexo costuma sofrer igualmente. Isso ocorre porque o sexo é uma forma de comunicação, e qualquer dificuldade que tenhamos no nosso relacionamento emocional será aumentada pela intimidade física da união sexual. No entanto, exatamente pelo fato de o sexo ser a forma mais íntima de comunicação física é que ele é o veículo ideal para expressar amor aos nossos companheiros.

No início de um relacionamento, quando seu nível de desejo sexual pelo companheiro é muito alto, o sexo pode ser mágico. Mas, à medida que o relacionamento amadurece e os níveis de intimidade e compromisso aumentam, a necessidade de fazer amor diminui e sua vida sexual se estabiliza. Talvez você sinta que a paixão desapareceu, mas, na realidade, vocês estão apenas se adaptando à libido natural de cada um. Esse é um bom momento para embarcar numa jornada para que um explore a sensualidade do outro e aprenda como satisfazer melhor as necessidades sexuais do parceiro.

Um modo proveitoso de começar é marcar encontros regulares para passarem juntos momentos íntimos – digamos, duas horas, uma ou duas vezes por semana. É preciso assegurar que vocês terão total privacidade. Por isso, procurem marcar esses encontros em momentos em que os outros membros da casa estejam fora. Não pense que *terá de fazer* amor nessas horas – a idéia é passar esse tempo redescobrindo a sexualidade um do outro, da maneira que vocês se sintam à vontade. Vocês podem conversar, por exemplo, sobre as últimas experiências sexuais ou sobre o que os excita; ou talvez prefiram começar se beijando e acariciando com ternura e ver aonde esse contato leva vocês; ou, então, quem sabe queiram dar uma olhada num manual de sexo ou assistir a um vídeo, conversando sobre as posições e técnicas que eles ilustram. Isso os ajudará a encontrar um modo de falar sobre seus desejos sexuais. Quanto mais vocês descobrirem como agradar um ao outro, mais satisfatória se tornará sua vida sexual.

À medida que vocês melhoram a confiança e a intimidade física, podem inserir novos elementos à maneira como fazem amor. Por que não pedir algo ao parceiro? Você poderia pedir a ele que lhe fizesse uma massagem ou que lhe contasse a fantasia mais erótica dele. Lembre-se: seja o que for que vocês queiram fazer, sempre coloque muita ternura no sexo, para que "fazer amor" seja uma descrição literal do que vocês fazem juntos em termos de sexo.

a arte do realismo positivo

as coisas como elas são

Apesar de o planejamento do futuro ser uma etapa fundamental no trajeto do relacionamento, convém não "viver" no futuro (ou no passado), mas aproveitar a experiência da vida como ela é, no presente. Ao vivenciar o momento quando ele surge, você percebe que o presente não é somente um rápido lampejo entre o momento que passou e o próximo, mas uma dimensão espiritual que se abre além do tempo e do espaço. Talvez você tenha encontrado isso na natureza, quando a beleza do canto de um pássaro, a grandeza majestosa de uma montanha ou a força natural das ondas quebrando nas pedras tocou você de um jeito especial. Sempre que penetramos completamente no presente, nós nos sintonizamos com a própria vibração da vida e conseguimos vislumbrar aquilo que o zen-budismo denomina "verdadeira natureza". A capacidade de se concentrar no momento presente, em estado de "atenção", enriquece todas as áreas de sua vida, principalmente o seu relacionamento amoroso.

Muitas pessoas sentem uma felicidade intensa quando se apaixonam, pois se trata de um estado em que se sentem completamente vivas. É a total consciência do momento que nos permite sentir tal contentamento. Mas, conforme o relacionamento amadurece, e a vida em comum se torna mais previsível, diminui nossa capacidade de valorizar o momento, e uma vaga insatisfação pode começar a se infiltrar. Ao concentrarmos a consciência no presente, podemos readquirir a perdida noção de gratidão por todas as coisas boas do relacionamento.

Sente-se com seu companheiro por alguns minutos para que cada um faça uma lista de todos os aspectos positivos do relacionamento.

as coisas como elas são

Se você não é capaz de encontrar a verdade exatamente onde está, onde mais espera encontrá-la?

Dogen (1200–1253)

Depois, coloque-os em ordem de importância para você. Por exemplo: talvez sinta que "forte amizade" deva estar no topo da lista, seguida de "senso de humor em comum" e "boa química sexual". (Não se preocupe se a sua lista for diferente da de seu parceiro – o que conta aqui é o que importa para cada um de vocês.) Quando terminarem as listas, memorize seus cinco primeiros aspectos positivos – recorde-os todas as noites, antes de dormir. Treine-se para não se concentrar apenas nos fatores negativos do relacionamento. Em vez disso, sempre que começar a se sentir insatisfeito, pense nos aspectos bons. Faça dessa avaliação o pano de fundo constante de sua consciência, uma espécie de "cenário automático" para o qual sua mente sempre volta.

a arte do realismo positivo

Você também pode usar a atenção para tirar o máximo de cada momento juntos e, ao fazer isso, aprender a admirar profundamente seu companheiro. Em termos práticos, isso pode significar que, em vez de chegar em casa após um dia de trabalho e passar a noite preocupado com, digamos, a apresentação que terá de fazer no dia seguinte, você deve concentrar toda a sua atenção para desfrutar o jantar e sentir prazer na companhia do outro. Lembre-se de que os momentos gratificantes de um relacionamento estão em instantes fugazes de conexão, quando seu parceiro expressa, por exemplo, seu amor por você num olhar ou num toque. Se estiver preocupado, perderá esses momentos de ternura.

A arte de viver no presente em seu relacionamento também significa enfrentar e assumir tudo que esse presente contiver, incluindo quaisquer questões urgentes. É inevitável que surjam períodos difíceis. Por exemplo: um de vocês pode estar passando pela crise da meia-idade, na qual questiona o tipo de vida em que se baseia o relacionamento. Em vez de oferecer apoio, o outro parceiro talvez se sinta tentado a negar o que está ocorrendo e a fugir da realidade dolorosa dessa situação. A negação é uma atitude estratégica que o protege do impacto do sofrimento, mas infelizmente também imobiliza você e o impossibilita de reagir de modo construtivo. É por isso que surge uma estranha sensação de alívio quando você enfrenta o problema como ele é. E, pensando positivamente, enfrentar a realidade juntos pode ser uma oportunidade para fortalecer a relação, não importa quão terrível ou desesperada possa parecer a situação.

exercício 6
A DANÇA DO MOMENTO

Quando você toma consciência do momento presente, até as tarefas mais corriqueiras podem se transformar em algo surpreendente. Por exemplo: você faz uma ligação direta com a água quente do chuveiro quando ela cai na sua pele, com os sons do mundo fora da sua casa ao andar pelo quintal, e com o aroma do café quente ao levar a xícara até a boca. Este exercício mostra a você e a seu companheiro como se habituar a ficar atento, tratando tudo que está ao seu redor com um olhar carinhoso.

um
Quando você não está com seu parceiro, mas vai encontrá-lo mais tarde, faça um esforço para se concentrar em suas experiências sensoriais. Afaste qualquer ansiedade que apareça e saboreie a mensagem que os seus sentidos estão lhe oferecendo – a dança do momento.

dois
Quando fizer uma tarefa comum sozinho, como lavar a louça, arrumar a cama, jogar o lixo fora, ou qualquer outra que não exija concentração, dê a seus atos a maior atenção possível. Se a tarefa for repetitiva (como varrer o jardim), concentre-se no ritmo com que a executa.

três
Abra-se para o que está fazendo, por mais comum que isso seja. Aprecie a perfeição dos seus atos – e com o fato de estar fazendo algo necessário, construtivo, digno. Escute os sons produzidos pela tarefa, e fique atento aos movimentos de seus músculos enquanto trabalha. Se perceber que seus pensamentos se perdem, traga-os de volta suavemente para se concentrarem no trabalho.

quatro
Quando voltar a encontrar seu parceiro, deixe que o encanto da atenção inunde a sua experiência desse encontro. Concentre-se apenas no beijo ou no abraço com que se cumprimentam. É provável que você constate que está profundamente consciente desse súbito reencontro com a pessoa amada. Saboreie os maravilhosos momentos desse reencontro.

lentes corretivas dos valores

Nossos valores formam um código moral pelo qual regulamos nossa vida. Eles foram incutidos em nós, na infância, por nossos pais ou por quem cuidava de nós, professores e outras pessoas de influência e autoridade. Quando você age de acordo com esses valores, sente uma sensação de estabilidade e retidão; quando vai contra eles, sente-se inquieto e culpado. E isso basta. O problema começa quando você entra numa relação na qual descobre que alguns de seus valores se chocam com os de seu parceiro. Por exemplo: ele pensa que é esperteza passar a perna em sócios nos negócios usando táticas que você considera antiéticas, e acha que sua maneira honesta e mais gentil é muito molenga e tolerante. Descobrir no que seus valores diferem dos de seu companheiro e encontrar um compromisso aceitável ajudam a ser realista quanto ao relacionamento.

Fazer opções conscientes sobre valores é uma marca do ser humano em evolução. Mas, para que isso ocorra num relacionamento, é preciso examinar seus próprios valores e os de seu companheiro. Para que ambos identifiquem seus códigos morais, cada um anota a primeira resposta que vier à cabeça para as seguintes afirmações:

- "É importante ser..." (enumere pelo menos dez qualidades aqui).
- "Às vezes, não há problema em ser..." (enumere três adjetivos).
- "Uma casa deve sempre ser..." (enumere três adjetivos).
- "Tome cuidado com pessoas ..., pois elas costumam ser ..." (isso revela seus preconceitos ocultos).
- "Meus pais costumavam dizer que sempre devemos ser..." (enumere pelo menos três itens).

Agora, avaliem suas respostas instintivas para ver se elas ainda pa-

lentes corretivas dos valores

recem verdadeiras, dando a elas uma pontuação de 1 a 5, na qual 1 significa "Discordo totalmente", e 5 "Concordo totalmente". Depois, cada um classifica de 1 a 5 as respostas do outro. Em seguida, peguem três canetas de cores diferentes e usem a primeira para enumerar os valores que vocês têm em comum. A segunda cor, para marcar os valores com os quais concordam parcialmente. E com a terceira cor serão marcados os valores que um tem e o outro, não – e esses serão os pontos problemáticos no relacionamento. Reflitam juntos sobre os momentos em que seus valores diferentes provocaram discórdia, e discutam como cada um poderia modificar sua posição para se aproximar e viver com mais harmonia.

para transpor a armadilha dos gêneros

O gênero (ou sexo) é um dos filtros culturais através dos quais vemos a vida. A compreensão do que significa ser homem ou mulher é fundamental para entender a nós mesmos e aos outros. E também é essencial para a formação de um bom relacionamento.

Os estereótipos de gênero são passados sutilmente pelo comportamento de nossos pais e da sociedade. Apesar do movimento feminista iniciado na década de 1960, muitas meninas ocidentais ainda recebem orientação para serem gentis e sensíveis, e não mandonas ou firmes. E muitos meninos ainda são orientados a não chorar ou mostrar suas emoções, e a ser positivos e até agressivos. Embora possamos rejeitar esses estereótipos à medida que crescemos, eles ficam incrustados na psique. Assim, não é de surpreender que questões de gênero possam causar conflitos com seu companheiro.

No relacionamento amoroso existe uma necessidade fundamental de ser amado e aceito. Homens e mulheres têm medo de que se eles se comportarem de algum modo que seja percebido como pouco atraente pelo parceiro serão rejeitados. E esse medo prende as pessoas em armadilhas que são os papéis "esperados" de seu gênero. Para corresponder a tais estereótipos, somos forçados a ir contra nossos instintos e a adaptar nossas ações e condutas para que se encaixem num perfil que consideramos desagradável. Isso pode nos deixar frustrados e com raiva – emoções que provocam discórdias e discussões com nosso companheiro. É sempre proveitoso, portanto, procurar nos manter fiéis a nós mesmos, tanto para nosso bem-estar como para o bem do relacionamento.

para transpor a armadilha dos gêneros

Para começar, reavalie se você está assumindo determinados papéis por hábito de gênero ou porque é assim que você deseja ser. Os papéis femininos de cuidar da casa e dos filhos são, obviamente, elementos-chave em que as expectativas de gênero são maximizadas. Muitos casais acham que são pioneiros na igualdade dos gêneros, já que o homem executa muitas tarefas domésticas e a mulher ganha um ótimo salário, e ambos dedicam bastante tempo a todos os filhos. Na realidade, as velhas camisas-de-força não foram totalmente descartadas, mas apenas afrouxadas. Para analisar a que ponto o gênero é um fator determinante no relacionamento, proponha-se algumas perguntas. O homem deve, sim, contribuir para a manutenção da casa, mas ele faz metade do trabalho? Quem faz a limpeza? Quem verifica as partes da casa que precisam de faxina? (Essas duas últimas perguntas não querem dizer a mesma coisa.) Quem cozinha? Quem providencia as compras? Quem paga as contas? Quem se preocupa em ver se as contas estão certas e são razoáveis? (Novamente, assuntos parecidos, mas com diferenças importantes.) O que está por trás dos últimos seis exemplos é que mesmo se as tarefas estiverem imparcialmente distribuídas, a responsabilidade de analisar essas tarefas talvez recaia sobre um dos parceiros, segundo as determinações de gênero.

Apesar da sobrevivência dos estereótipos de gênero em muitas áreas da vida, no Ocidente estamos nos encaminhando para uma

a arte do realismo positivo

sociedade mais aberta, na qual os papéis são cada vez menos orientados pela convenção. Cada vez mais homens se sentem felizes em alimentar suas famílias, e cada vez mais mulheres vêm ganhando respeito em profissões tradicionalmente dominadas pelos homens.

Paralelamente a essas evoluções, concepções sexistas estão sendo ultrapassadas. Agora, os homens recebem sanção social para demonstrar emoções, até mesmo suas fraquezas, enquanto se permite que as mulheres sejam duronas e pragmáticas. Vale a pena vocês se perguntarem de que modo seu relacionamento se aprofundou com essas liberdades e, ao contrário, que benefícios ou prazeres cada um de vocês tem com as tradicionais expectativas de gênero (veja exercício na pág. 61). As mudanças sociais do último século tornaram os relacionamentos homem-mulher potencialmente mais flexíveis e os relacionamentos homossexuais menos estigmatizados. Se, mesmo assim, você acha que as pressões sociais o impedem de ser você mesmo no contexto do seu relacionamento, pergunte se seu parceiro sente a mesma coisa e procurem discutir a questão abertamente.

É claro que não dá para a biologia ser liberalizada (embora as atitudes em relação à biologia possam). Viver num corpo masculino ou feminino afeta radicalmente nossa percepção de mundo.

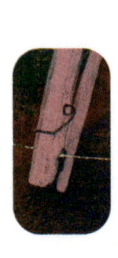

Uma área em que as experiências são muito diferentes é a do sexo. Se o cônjuge é do sexo oposto, ajuda muito a descobrir o máximo que puder sobre o sexo do ponto de vista dele ou dela. Discutam a questão de maneira aberta e honesta. Quanto mais vocês forem capazes de transpor a barreira do gênero, mais próximos irão ficar.

para transpor a armadilha dos gêneros

exercício 7
CONFRONTO DE ESTEREÓTIPOS

*Embora possamos imaginar que rompemos com todos os estereótipos de gênero, apenas quando identificamos nossas idéias e expectativas sobre o comportamento masculino e feminino é que nossas verdadeiras opiniões aparecem. Este exercício ajudará você e seu companheiro a examinar suas atitudes sexistas mais entranhadas e a explorar seus potenciais fora das limitações dos estereótipos de gênero.
Vocês vão precisar de papel e duas canetas.*

um
Cada um pega uma folha e uma caneta. Depois, completem as afirmações abaixo, enumerando três facetas do comportamento para cada uma:
Os homens normalmente...
As mulheres normalmente...
Os homens normalmente não...
As mulheres normalmente não...
Gosto de homens que...
Gosto de mulheres que...
Não gosto de homens que...
Não gosto de mulheres que...
O homem ideal deveria...
A mulher ideal deveria...

dois
Examine essas afirmações cuidadosamente com seu parceiro e discutam o que cada um colocou e por quê. No que suas respostas são parecidas? Vocês concordam ou discordam completamente em termos de atitudes? O que aprenderam sobre si mesmos? Algum de vocês achou que o exercício revelou algum preconceito surpreendente?

três
Analisem todos os aspectos pelos quais os seus pontos de vista podem ter provocado discórdia no relacionamento. De que modo vocês poderiam modificar suas expectativas para que consigam viver juntos com mais harmonia? Incentivem um ao outro para criar mais opções de relacionamento, fora dos estereótipos de gênero.

a arte do realismo positivo

expansão do seu mundo de interesses

Na correria da vida moderna, achamos que temos de nos esforçar para manter nossos compromissos e responsabilidades, e só de imaginar um novo interesse pode ser assustador. Mas não se esqueça de que se o seu relacionamento estiver preso à rotina do dia-a-dia haverá menos espaço para ele crescer ou se desenvolver. Ao expandirem seus horizontes pessoais, vocês criam ambientes interessantes para onde poderão viajar juntos.

Um dos modos mais gratificantes de curtir algum tempo com alguém é avançar no mesmo passo para explorar novas idéias ou atividades, para aumentar os entusiasmos mútuos, para trocar idéias em resposta a novos estímulos. Quanto mais tempo juntos vocês passarem, maiores serão as oportunidades de alimentar novos interesses num diálogo que comenta a experiência compartilhada.

Por que não aprender uma nova atividade juntos? Ou talvez um modo de combinar dois itens diferentes e explorar a complementaridade deles. Por exemplo: se um de vocês estiver interessado no idioma espanhol e o outro em história, poderiam começar com as descobertas de Cristóvão Colombo, talvez motivados por um programa de TV ou por alguma exposição.

Procure criar uma lista de interesses comuns com ênfase igual para o dado físico e o intelectual, para a diversão e a criatividade, para o social e o solitário. Crie alguns efeitos transversais em sua vida – isto é, pegue algo que esteja num cantinho de sua personalidade (a exemplo de um interesse em bandas de rock, borboletas ou patins) e procure deslocar esse interesse colocando-o em evi-

A alegria maior não consiste apenas em ambos se amarem, mas em, juntos, amarem o mundo.

Anônimo

expansão do seu mundo de interesses

dência. Desenvolva-o como um interesse novo, e divirta-se com a incongruência – o modo como isso se destaca como algo excepcional em contraste com o padrão de suas outras preocupações. Divirta-se também com as linhas de comunicação incomuns que isso abre com seu companheiro.

Um casal com amplo sortimento de interesses tem mais oportunidades de permanecer junto. Alguns desses interesses se tornarão seus, enquanto outros serão de seu parceiro. Mesmo quando você sai sozinho, tente ser sincero. Depois de mergulhar numa atividade da qual você gosta, sua sensação de realização também terá efeito positivo em seu companheiro.

personalidade – o eu reconhecível

Por definição, a personalidade é uma de nossas características constantes – podemos mudar de aparência, de peso e até de gênero, mas nossos traços de personalidade nos acompanham pela vida toda. É isso que se sabe sobre o assunto.

Isso quer dizer que as pessoas que possuem um relacionamento saudável aceitam as personalidades do parceiro como elas são. Se, digamos, seu companheiro adora festas, você sabe que não vai adiantar nada tentar convencê-lo a passar duas semanas de férias, só com você, nas montanhas, aproveitando a natureza. A maneira realista de ter uma vida harmoniosa em comum é procurar entender e apreciar a personalidade do parceiro (assim como a sua), e modificar seu estilo de vida para acomodar quaisquer diferenças de personalidade significativas entre vocês.

Um instrumento útil para observar a personalidade em conexão com os relacionamento é o Indicador de Tipo de Myers Briggs (Myers Briggs Type Indicator – MBTI), desenvolvido na década de 1940 por Hatherine Briggs e Isabel Briggs Myers, baseado na obra do psicanalista suíço Carl Jung (1875-1961). O MBTI descreve quatro pares de traços de personalidade. Para determinar os seus traços nessa série, passem algum tempo juntos e, individualmente, respondam às perguntas feitas a seguir. As respostas mostrarão a você e a seu companheiro seus perfis de personalidade. Assim que chegarem a alguma conclusão, poderão compreender a dinâmica do seu relacionamento de uma nova maneira.

Aqui estão as perguntas. Primeiro, você diria que é **extrovertido** ou **introvertido**? Para onde sua energia é naturalmente direcionada

personalidade – o eu reconhecível

– para dentro ou para fora? Os extrovertidos dirigem a energia principalmente para coisas e pessoas externas. Gostam de viver rodeados de gente e se distraem com facilidade. Em contrapartida, os introvertidos dirigem a energia mais para dentro, para seus sentimentos e pensamentos. Ficam à vontade quando estão sozinhos e se concentram facilmente.

Você é **sensorial** ou **intuitivo**? Os sensoriais têm ótimo bom senso e tendem a ser práticos e realistas. Os intuitivos, por sua vez, confiam em seus instintos e são criativos e idealistas. Agora, verifique como você toma decisões. É **mental** ou **sensível**? Os mentais tendem a ser analíticos, lógicos, objetivos e movidos pelas conquistas. Os sensíveis são calorosos, sensitivos, empáticos e motivados pela vontade de serem aprovados. Por fim, em relação às experiências, como você é? É **julgador** ou **observador**? Os julgadores costumam ser produtivos e organizados, enquanto os observadores tendem a ser flexíveis, brincalhões e *des*organizados.

Quando ambos tiverem se avaliado em comparação com as quatro marcas de personalidade, comparem as anotações. Em geral, há pouquíssimo atrito num relacionamento se as personalidades são semelhantes – na realidade, o relacionamento poderia se tornar bem monótono. Contudo, atrito significa calor e chama: ou seja, divergência e paixão. Por isso, mesmo que vocês enfrentem um trajeto cheio de desafios, se seus tipos de personalidades forem diferentes, terão um relacionamento potencialmente apaixonado e estimulante. Por exemplo: você talvez seja um julgador que gosta de planejar, ao passo que seu parceiro prefere ser espontâneo e, digamos, arrebatar você para fins de semana românticos, sem aviso prévio.

É claro que você pode passar a vida toda se lamentando de que seu companheiro não se parece em nada com você. Mas, se fizer isso, sairá perdendo. Inconscientemente, você escolheu seu parceiro como contrapeso, de modo que pudesse desenvolver os traços de personalidade que lhe faltam e se tornar mais completo.

Quando observarem juntos os seus perfis, pergunte a seu companheiro qual o aspecto da sua personalidade com o qual ele acha mais difícil de conviver. Isso irá destacar alguns aspectos negativos de sua personalidade, como preguiça, negligência, descuido, os quais, com um pouco de esforço, você *pode* aprender a mudar. Talvez seja duro aceitar o que seu parceiro diz, mas não se esqueça

personalidade – o eu reconhecível

de que ele está lhe fornecendo uma visão proveitosa. Se seu companheiro apontar um de seus traços problemáticos de personalidade, tente achar uma solução prática que sirva para os dois. Se, por exemplo, você tem uma tendência para a precipitação – age primeiro e pensa depois –, seria pouco realista tentar se transformar em alguém que pesa cuidadosamente cada situação antes de agir. Mas é provável que você possa aprender a ser um pouco mais prudente. Isso seria bom para o casal, pois você iria adquirir um pouco mais de controle sobre sua precipitação e seu parceiro teria mais confiança em sua capacidade de agir de modo mais ponderado.

Aprender a entender e levar em conta os traços de personalidade de seu companheiro ajudará vocês a superarem obstáculos juntos e reforçará os laços de seu relacionamento.

OS ALICERCES DO AMOR

Segundo o psicólogo John Bowlby, nossas primeiras experiências de conexão com os outros influem profundamente tanto na nossa personalidade como em nosso comportamento nos relacionamentos adultos. Os bebês "seguros" gostam do contato com os pais e confiam que esses adultos lhes darão proteção em situações assustadoras. Quando essas crianças se tornam adultas, acham fácil se aproximar dos outros. Mas, se seus laços iniciais se caracterizaram por incertezas, esses bebês criam ligações "medrosas": não sentem a segurança de que os pais estarão ali quando precisarem deles. Quando adultos, tais bebês tendem a se agarrar aos parceiros. As crianças que tiveram a expectativa de que os pais não as protegeriam criam relacionamentos "escapistas", e quase não reagem quando se separam de qualquer pessoa. Adultos "escapistas" acham difícil criar relacionamentos íntimos.

responsabilidade – um esforço conjunto

Todo mundo costuma culpar os outros quando as coisas não dão certo. E como nosso companheiro está mais perto de nós, em geral ele suporta o ímpeto dessa culpa. Mas a questão é que cada um de nós é responsável pelas ações que pratica; e num relacionamento os parceiros são igualmente responsáveis pelo êxito da união. Quando a vida não dá certo como planejamos, é mais construtivo encarar seu parceiro como um aliado do que como um empecilho ou como uma pessoa irrelevante. Afinal, como dois barcos que negociaram o uso das mesmas correntes oceânicas, vocês ganham muito mais com as promessas de apoio mútuo que fizerem.

Muitas vezes, um problema que enfrentamos, mesmo que não tenha nada a ver diretamente com o relacionamento, acaba pressionando-o. As dificuldades de trabalho constituem um bom exemplo dos tipos de situação que podem ocorrer. Imagine que um novo funcionário de sua empresa esteja sendo mais valorizado do que você, trilhando um caminho mais rápido para a promoção, e provavelmente ganhará o posto sênior, para o qual você havia se preparado. De que modo isso prejudica seu relacionamento? Bem, primeiro porque é provável que isso o deixe preocupado e até irritado – e você pode achar difícil corresponder aos entusiasmos de seu parceiro. Depois, você pode se chatear quando seu companheiro, na tentativa de consolá-lo ou tranqüilizá-lo, distorce um pouco a situação por não conhecer profundamente os fatos. Num nível mais profundo, sua auto-estima enfraquece – talvez você sinta que está desapontando seu parceiro por não conseguir avançar em sua carreira. Por fim, é claro,

responsabilidade – um esforço conjunto

existe a questão do dinheiro, que traz o efeito prático de perder o posto tão sonhado para vocês dois.

Ora, numa situação dessas, a primeira coisa a fazer é explicar seus problemas para seu amado, e aproveitar a simpatia que você deve receber. Não manifeste simplesmente raiva por seu chefe – isso fará seu parceiro se sentir excluído, pois não poderá fazer o mesmo. Em vez disso, mostre sua necessidade emocional, uma coisa com a qual ele conseguirá lidar muito bem. Aceite com gratidão os gestos oferecidos – pense neles como bênçãos. Depois de receber essa ajuda para se sentir melhor, procure equilibrar melhor seu ponto de vista. Afinal, a vida que tem com seu companheiro não é igual à que leva com seus colegas de trabalho. Agora você está num

Um ser humano amar outro talvez seja a mais difícil das nossas tarefas; o teste mais importante, o derradeiro; a obra para a qual todas as outras obras não passam de uma preparação.

Rainer Maria Rilke
(1875–1926)

campo em que a promoção não está ali de verdade, sendo apenas uma presença refletida. Você está num mundo em que pode ser feliz sem restrições.

Se, em contrapartida, você estiver na posição de dar em vez de receber apoio, siga esta seqüência básica. Primeiro, sua atenção lhe dirá que algo vai mal. Com delicadeza, pergunte o que é e se você pode ajudar. Preste atenção ao que é dito e ao que não é dito (veja as páginas 110-17 sobre a habilidade da "escuta atenta"). Coloque-se no lugar dele. Deixe claro, física e verbalmente, que você está reiterando seu amor, e mostre seu apoio. Aproveite as dicas de tudo que ouve e observa. Seja condescendente. Mostre logo que, para você, ele continua digno de confiança.

Além da empatia, suas responsabilidades em relação a seu parceiro incluem oferecer conselhos construtivos, mas *apenas* se lhe forem pedidos (pode ser irritante dizerem o que você tem de fazer, se prefere descobrir sua própria solução). Se você receber um pedido para ajudar a resolver o problema, façam um *brainstorm*, a fim de descobrirem o maior número possível de opções. No entanto, em última análise, cabe a seu companheiro decidir o que fazer, e você tem de respeitar essa decisão.

Mesmo os relacionamentos mais sólidos podem ser abalados por eventos estressantes que atingem vocês de repente – desde perdas e doenças graves até a descoberta de que um filho consome drogas. A primeira coisa a fazer é se lembrar de que possuem laços muito fortes e podem superar isso juntos. Em seguida, conversem sobre o problema de maneira aberta e honesta – deixe todos os seus sentimentos virem à tona e admita-os. Depois que passarem por esse processo catártico, vocês estarão mais capacitados para fazer um plano de

responsabilidade – um esforço conjunto

ação. Se ambos se sentirem perdidos sobre como proceder, procurem ajuda – o aconselhamento profissional pode ajudá-los a enfrentar o problema juntos de maneira mais eficaz.

    Durante esses períodos de crise, procurem evitar que o problema os domine completamente. Não se esqueçam de que a ansiedade, em si, nunca resolve nenhuma dificuldade – ela só reflete incerteza quanto ao que fazer e em relação ao futuro. Se não tiverem certeza sobre o que fazer, examinem as possibilidades, tomem uma decisão e deixem as ansiedades para trás. Fazer uma escolha positiva também atenuará as preocupações que possam ter quanto ao futuro, pois o compromisso com o relacionamento lhes dá uma forte defesa contra as tormentas do destino.

a arte do realismo positivo

a mudança de tempo das emoções

E, acima de tudo, tenham amor, pois o amor une perfeitamente todas as coisas.

Colossenses 3:14

Amor, alegria, entusiasmo, dor, medo e tédio são apenas algumas das emoções que a maioria das pessoas sentem em seu relacionamento em algum momento. Gaste 5 minutos agora para enumerar todas as emoções que você se lembra de ter sentido na última semana. Se for honesto consigo mesmo, provavelmente se surpreenderá com o tamanho e a variedade de sua lista.

O clima sempre instável das emoções pode ser um dos aspectos mais difíceis de um relacionamento. Vocês saíram e estão se divertindo, rindo e trocando observações inofensivas. De repente, uma observação impensada e inconseqüente funciona como um gatilho, e uma rajada de emoções é expelida de um de vocês, vinda do nada. O clima de união muda violentamente. E fica difícil fazer palavras inofensivas atravessarem esse campo dividido que se formou: elas pioram as coisas, ou são inúteis, passando despercebidas.

Embora, em termos realistas, você não possa esperar que seu parceiro seja constante em seus sentimentos e suas reações, você pode aprender a lidar bem com os altos e baixos. E mais: ao trabalharem juntos para desenvolver a sabedoria emocional no relacionamento, vocês conseguirão transformar sentimentos negativos em positivos.

Sabedoria emocional significa adquirir uma compreensão clara de suas próprias emoções. Ou seja, aprender a lidar com seus estados de espírito e a usar as informações que suas emoções fornecem como indicadores para mudar. (Enquanto uma emoção é um sentimento forte, mas muitas vezes passageiro, um estado de espírito é um sentimento que se firmou e se transforma num estado mental.)

a mudança de tempo das emoções

A sabedoria emocional ajuda você a encontrar uma maneira positiva de controlar suas emoções sem recorrer à repressão ou à autocomplacência; e também o torna capaz de reconhecer e lidar com as emoções de seu companheiro e de outras pessoas.

Um bom ponto de partida para atingir a sabedoria emocional é descobrir seus padrões emocionais habituais. Faça isso adotando um diário do seu estado de espírito. Tome as seis emoções fundamentais (medo, raiva, felicidade, desgosto, surpresa e tristeza) assim como o amor, e, num período de pelo menos uma semana, anote diariamente quantas vezes você sente cada uma delas. Pontos: **1** = nunca; **2** = raramente; **3** = às vezes; **4** = quase sempre; **5** = constantemente. Isso lhe dará uma visão de seu padrão emocional básico. Será interessante fazer juntos esse diário de seus estados de espírito, pois seu parceiro sempre terá um ponto de vista mais claro de seus estados emocionais do que você mesmo tem. Assim que vocês completarem seu processo de monitoração desse jeito, discutam e analisem os resultados juntos. Percebam se os padrões emocionais que emergiram eram aqueles que vocês escolheriam por sua vontade. Se não forem, procurem se tornar mais conscientes de seus sentimentos à medida que forem surgindo, para que comecem a controlá-los melhor.

Uma habilidade decisiva da sabedoria emocional é a boa comunicação. A capacidade de expressarmos nossos sentimentos faz parte de um relacionamento bem-sucedido. Quase todo mundo é partidário de dividir emoções positivas — como, por exemplo, a felicidade de saber que conquistamos um importante contrato de trabalho, ou a alegria de nossa irmã ter tido um bebê. Mas temos problemas em dividir emoções negativas. Quando você percebe que está num estado de espírito difícil, uma das maneiras mais eficazes de evitar a discórdia é ser honesto. Por exemplo: diga para seu companheiro: "Estou muito irritado hoje, e não sei direito por quê". Ao fazer isso, você admite o problema e recua para ter uma visão geral das coisas. E, ao envolver o parceiro, vocês ficam do mesmo lado, ambos observando e tentando entender seu estado emocional.

Se já é difícil compreender suas próprias emoções, pode ser ainda pior sondar as de seu companheiro. Quando o comportamento dele estiver difícil de agüentar, distancie-se de sua própria raiva e de suas reações defensivas por um instante e procure se colocar no lugar dele. Não importa quanto as explosões emocionais dele possam lhe parecer irracionais, elas são totalmente justificadas e bem reais para ele. Por isso, tente se imaginar na situação dele. As explosões começam a fazer mais sentido? Com base no conhecimento que você tem do caráter de seu parceiro, comporte-se de maneira a não botar mais lenha na fogueira. Por exemplo: se ele estiver esperando um pedido de desculpa por algo que você supostamente disse ou fez, diga que sente muito, mesmo que ache que esse pedido de descul-

a mudança de tempo das emoções

pa não tem sentido. Depois, deixe-o se acalmar – você pode voltar ao assunto mais tarde. Se você interpretar o comportamento de seu parceiro como necessidade de se afirmar, estimule-o delicadamente. Se for disso que ele precisa, deixe que fale de seus sentimentos e do que os provocou. Caso contrário, deixe claro que você está ali, no caso de ele precisar, e dê-lhe espaço. Saber quando você pode ajudar, discutindo as coisas em conjunto, ou quando deixar que ele resolva as coisas sozinho é outro aspecto importante da sabedoria emocional.

Se você insiste numa discussão quando todos os sinais de seu parceiro lhe dizem "Deixe-me em paz! Não quero mais falar disso!", desista. Qualquer tentativa de se aprofundar seria inútil e poderia piorar as coisas. A solução nessas situações é recuar e deixar que ele ponha em ordem as emoções no tempo e do modo dele. Apenas aguarde sinais de que pode se aproximar de novo.

O TESTE DO ESPELHO

Fique na frente do espelho (de preferência de corpo inteiro), e encene novamente uma discussão recente com seu companheiro, ou invente uma cena imaginária, se preferir. Reviva a conversa em seus mínimos detalhes e faça com que seu rosto e seu corpo se manifestem naturalmente do jeito que fizeram antes, ou deveriam ter feito, em cada etapa da experiência. Examine seu reflexo e observe as expressões ou poses que considerar surpreendente – procure se ver com os olhos de seu parceiro e imagine como reagiria à pessoa que vê no espelho. Incentive seu companheiro a também fazer o exercício do espelho – o ideal seria ele analisar a mesma situação. Depois discutam as suas reações.

leitura da linguagem corporal

As emoções e as maneiras que as externamos são coisas complexas. Uma pesquisa recente descobriu que enquanto as expressões faciais das seis emoções básicas — medo, raiva, felicidade, desgosto, surpresa e tristeza — são imediatamente reconhecidas por quase todos os seres humanos, existem mais de trinta outras expressões faciais que poderíamos utilizar. Também manifestamos nossas emoções pela postura — no jeito de sentarmos, ou na posição dos braços, das pernas ou da cabeça, Às vezes, a mensagem que passamos com nossa postura ou expressão pode não coincidir com a sugerida pelo tom de voz ou pelas palavras que proferimos. Isso ocorre porque quase sempre tentamos controlar ou ocultar nossas verdadeiras emoções. Não é de admirar, então, que a leitura correta dos sentimentos dos outros pareça uma façanha tão complicada!

De vez em quando, você acha que seu parceiro reage a você de uma maneira que o deixa perplexo. O que lhe parecia uma discussão tranqüila pode, rapidamente, descambar para algo tenso. Pode ser que algum aspecto de sua linguagem corporal, da qual você nem se deu conta, tenha provocado essa reviravolta. O franzir de sobrancelhas, por mais passageiro que seja, pode ser entendido como uma expressão de hostilidade ou aversão; o dar de ombros pode ser interpretado como falta de interesse. Ao compreender melhor como as outras pessoas provavelmente interpretam suas expressões faciais e posturas corporais, você terá mais probabilidade de evitar equívocos futuros.

Evite a armadilha de tentar limitar sua linguagem corporal porque acha que demonstram muitos de seus segredos — isso apenas o

leitura da linguagem corporal

deixará menos expressivo. Use as mãos livremente: elas são eloqüentes e têm sua própria linguagem. Procure também estimular a mobilidade de seu rosto. Em geral, essas opções têm mais a ver com a flexibilidade de uma rigidez habitual do que com a aquisição de meios de comunicação totalmente novos. A linguagem corporal já está latente dentro de você – não se trata de assumir atitudes diferentes, mas de descartar inibições desnecessárias. À medida que for usando mais as mãos e o rosto no auxílio da linguagem oral, você descobrirá que se expressa com mais propriedade e que sente mais profundamente o que está querendo transmitir.

controle da raiva

Num relacionamento, o segredo para lidar com a raiva consiste em aprender a trabalhar com a intensidade de seus sentimentos de modo a minimizar os efeitos deles em seu companheiro. Vamos ver como se faz isso. Quando surge uma discussão entre vocês, e se sentem dominados pela raiva, um ótimo jeito de lidar com a situação é sair dali. Pare a confrontação respirando profundamente e informe seu parceiro calmamente: "Estou com muita raiva e preciso de um tempo". Em seguida, vá para outro cômodo ou saia para dar uma volta. Ou, se estiverem de carro, declare que gostaria de ficar em silêncio por algum tempo. É importante que seu companheiro sinta que você não está virando as costas ao relacionamento ou punindo-o de alguma forma, pois isso serviria apenas para aumentar o ressentimento dele. Deixe claro que você voltará e retomará a discussão assim que tiver tido tempo para se acalmar e refletir sobre o assunto.

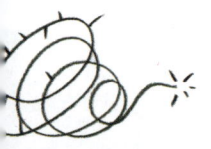

Nesse afastamento, seria bom que você fizesse um exercício de respiração ou de visualização para ajudá-lo a se recompor. Ao se concentrar totalmente no ato de respirar, faça pelo menos cinco respirações lentas e profundas, depois conscientize-se internamente e observe o que está acontecendo. Note os pensamentos rodopiando em sua cabeça e a raiva se agitando na boca do estômago. Coloque a mão sobre o estômago, reconheça e aceite essa raiva. Depois, procure fazê-la dispersar-se. É bom visualizar seus sentimentos desaparecendo de alguma forma – por exemplo, em bolhas que flutuam pelo ar. Após algum tempo, a raiva diminui. Agora, pergunte-se: "Que outras emoções alimentavam essa raiva? E o que a disparou?". É provável que você descubra que a mágoa, o medo, a vergonha e algumas outras emoções estão na raiz de sua raiva. Identifique e admita esse sentimento oculto e examine cuidadosamente de onde ele vem. Quanto mais você aceitar os sentimentos que estão na raiz de sua raiva, mais fácil será conversar sobre eles com seu parceiro.

Quando a raiva se dissipar, volte e discuta suas descobertas com o companheiro. Admita que perdeu o controle, desculpe-se por qualquer coisa desagradável que possa ter dito ou feito, e procure explicar as emoções que ajudaram a provocar sua raiva. Seja sincero quanto ao papel exato de seu parceiro nessas emoções. Pergunte-lhe o que foi que ele sentiu também. Por fim, veja como ambos poderão se comportar de maneira mais eficaz, na próxima vez em que houver uma situação semelhante.

O EXERCÍCIO DA RAIVA

O corpo reage à raiva quase do mesmo modo que reage ao medo, ou seja, liberando o hormônio adrenalina (epinefrina) na corrente sanguínea. E, como o medo, a raiva costuma provocar um aumento de sentimentos agressivos. Mas essa resposta primitiva não é a mais adequada. Uma das maneiras mais eficazes de liberar essa emoção é com exercícios. Se você acha difícil lidar com sua raiva, por que não praticar um esporte? Ao aprender caratê ou a rebater bem forte uma bola de tênis, você pode soltar suas emoções, adquirir uma nova habilidade e ainda melhorar seu estado físico, tudo ao mesmo tempo.

domínio do ciúme

Ciúme é a sensação de medo que nos invade quando percebemos que outra pessoa tem, teve ou poderá um dia ter (o ciúme não se limita a um simples tempo presente) o afeto de nosso companheiro. Ou seja, ele está relacionado à perda. No caso de uma deslealdade física, seja ela real ou imaginária, há também a sensação de ultraje. Sentir ciúme é sofrer. Em sua forma extrema, é como ficar preso numa fornalha, consumido pela chamas da raiva, da ansiedade e da suspeita. Fomos roubados; nossa auto-imagem despenca. Se não conhecemos todos os fatos, somos puxados em direções opostas – por um lado, o desejo de ter nossas piores suspeitas confirmadas; por outro, descobrir que elas estavam erradas. E como dominar essa emoção complexa, que nos autodestrói e que consome a própria estrutura do nosso relacionamento?

A primeira coisa é lembrar-se de que, a menos que você tenha uma prova da infidelidade, seu ciúme se baseia numa *percepção*, não na realidade. Se você é ciumento por natureza, talvez esteja vendo nas atitudes de seu parceiro um significado que não existe. Digamos que, recentemente, ele começou a ir à academia mais vezes, e que essa preferência coincidiu com o início do trabalho de um instrutor no local. Você os viu rindo depois da aula algumas vezes. Talvez comece a imaginar o pior. Mas, quando examina apenas os fatos, tem de aceitar que seu companheiro só está sendo amigável.

Ao chegar a essa conclusão, compreenderá que, de fato, o problema é o seu ciúme. Se for isso, de nada adiantará contar a seu parceiro como se sente e pedir que ele o tranqüilize (passando menos

domínio do ciúme

tempo na academia ou mudando de turma). O melhor é fazer valer a confiança que você diz ter no relacionamento. Se você sabe que está sofrendo uma angústia emocional, por que afligir o companheiro? Em vez disso, procure se adaptar às amizades dele, podendo até sugerir situações em que todos se conheçam melhor. Enquanto isso, trabalhe sua auto-estima: ciúme infundado quase sempre tem origem numa profunda insegurança, numa sensação de que você não merece nada. O jeito mais eficaz de manter um relacionamento saudável é descobrir por quem seu parceiro está realmente apaixonado – isto é, conhecendo a si mesmo e sendo você mesmo de maneira mais profunda do que nunca.

Ninguém pode amar se não for ciumento.

André le Chapelain
(século 13)

superação dos medos

Em alguma fase de seu relacionamento, é provável que alguma forma de medo surja para abalar sua felicidade. Vamos dar uma olhada nos tipos mais comuns de medo que ocorrem nos relacionamentos e examinar alguns modos possíveis de superá-los.

O mais comum é o medo de ser rejeitado ou de perder o companheiro. Quando você percebe que está profundamente apaixonado por alguém e o considera totalmente irresistível, fica difícil não supor que todo mundo também deve sentir a mesma coisa por ele. E assim, você teme que alguém "melhor" possa afastá-lo de você. Ou, quando você está a ponto de firmar um compromisso (como ir morar junto), tem medo de que, se consolidar o relacionamento dessa maneira, fará seu parceiro se sentir preso e isso talvez possa afastá-lo. Ou, quando seu relacionamento passou pelo teste do tempo e você está feliz e acomodado, pode, um dia, temer que seu amor fique doente e morra.

Passe alguns momentos refletindo sobre os medos que sente em seu relacionamento e anote os cinco piores. Agora, examine cada um e se faça as seguintes perguntas: "O que eu faria se isso acontecesse?", "Como eu enfrentaria?", "Quem ajudaria?", "Com quem eu falaria?", "Quem se identificaria?", "De que modo a vida seria, um mês depois?", "E um ano depois?". Com essas perguntas você enfrentará seus piores medos. E ao fazer planos de contingência no caso de algum desses medos se concretizar, você diminuirá a força que eles possam ter sobre você.

superação dos medos

Outro problema comum no relacionamento (quase o contrário do medo da perda) é o medo do compromisso, que pode ter origem numa má experiência do passado, seja quando criança, com um dos pais dominador, ou na idade adulta, com um companheiro anterior excessivamente possessivo. Também pode ser originar na baixa auto-estima – você acredita que não merece ser amado. O modo de lidar com esse tipo de medo de envolvimento é examinar o passado, tentando identificar a causa e enfrentar o medo. Isso exige coragem, mas vale a pena, pois, assim que você aceitar o que houve no passado e superar isso, estará livre para estar verdadeiramente presente no seu relacionamento. Há uma terceira causa de medo no relacionamento: a de pensar, lá no fundo, que possa ter errado na escolha do companheiro. Se isso ocorreu de fato, é preciso que você e seu parceiro sejam honestos, admitam suas dúvidas e conversem.

Um outro tipo de medo que merece atenção é o medo de violência (não apenas de maus-tratos físicos, mas também verbais, assim como de comportamentos ameaçadores e de gritarias). Se sente que seu companheiro tem algum problema com violência, assuma uma posição firme. Peça-lhe para fazer um curso para dominar sua raiva ou procure ajuda profissional para aprender a se controlar. Se ele não quiser ajuda, é melhor dar um tempo, até que resolva procurar. O amor não sobrevive num ambiente de medo.

a arte do realismo positivo

um lar que funciona

Um lar é mais que um conjunto de cômodos mobiliados: é um refúgio onde uma pessoa se sente suficientemente segura e relaxada para ser ela mesma. Quando você divide a mesma moradia com alguém, é importante que vocês se sintam completamente à vontade em relação ao modo como administram a casa. Assim, esse se torna o lugar onde o relacionamento pode crescer e florescer.

Depois de passar algum tempo juntos, somos induzidos a aceitar o modo como a casa funciona (principalmente, como as tarefas são divididas) sem questionarmos se estamos fazendo as coisas da maneira mais favorável ao relacionamento. Isso pode levar a um padrão de pequenos desentendimentos recorrentes. Portanto, convém examinar um pouco o modo como se administra a casa.

Primeiro, vejam que melhoras vocês podem fazer para promover momentos de maior qualidade juntos. Por exemplo: pode ser que, se trocarem o horário das compras semanais no supermercado da manhã de sábado para uma noite após o trabalho, vocês consigam passar o sábado inteiro juntos. Também poderiam trocar algumas tarefas domésticas: se você normalmente faz o jantar, seu companheiro poderia assumir essa responsabilidade por uma semana e você lavaria a louça, um trabalho, em geral, feito por ele. Ao trocarem de tarefas, cada um de vocês adquire uma visão das possíveis frustrações que o outro sofre, aprendendo a valorizar o que o outro faz, de tal modo que vocês não mais imaginem que o parceiro faz sempre aquilo de boa vontade.

Também é preciso ter certeza de que as tarefas estão divididas de modo justo. A melhor maneira de verificar se ambos estão contri-

um lar que funciona

buindo de modo equilibrado é fazer uma lista de todas as tarefas domésticas semanais, anotando ao lado o tempo aproximado que elas consomem. Em seguida, examinem a atual divisão de trabalho, e se algum de vocês estiver insatisfeito com isso, procurem dividir as tarefas com mais igualdade. Ou, se preferirem, podem planejar duas listas diferentes, que serão trocadas semanalmente. Ou vocês podem fazer cartões com os nomes das tarefas, e sortear aleatoriamente suas tarefas no início de cada semana. Acima de tudo, procurem dividir o trabalho num espírito novo de sinceridade e boa vontade.

Gastar tempo e dinheiro na decoração da casa é algo que os casais felizes costumam fazer mais do que os infelizes. Um projeto comum desse tipo, quase sempre exigindo conciliação em matéria de gosto, só será tranqüilo se o casal estiver sintonizado emocionalmente. Não se esqueça, também, de que um "presente" dado por um dos parceiros para a casa – um novo eletrodoméstico ou um arranjo de flores – também é um presente para a outra pessoa, além de ser uma comemoração da vida harmoniosa que vocês têm. Surpresas como essa não são tão arriscadas se comparadas, por exemplo, à troca completa do dormitório – só se aventure por tais grandes atitudes se tiver certeza absoluta do gosto de seu amado. Executar uma tarefa também pode ser um presente – principalmente quando se trata de algo que poderia ser adiado indefinidamente, mas cuja conclusão contribui para deixar a casa atraente.

como repensar o que você quer

A lacuna entre o que achamos que queremos e como nossa vida realmente é pode provocar sofrimento e descontentamento. A busca de fantasias pode levar à infelicidade, ao passo que a alegria e a tranqüilidade nos saúdam quando aceitamos a dádiva do momento, mesmo quando ela oferece um desafio. Para ser realista é preciso que você se afaste de expectativas forçadas – a crença de que a felicidade faz todos os momentos brilharem de energia, que seu companheiro é capaz de se transformar naquela figura idealizada que você procurava quando estava sozinho, que o amor entre vocês lhe cobre com um manto mágico e invisível que desobriga você de se desenvolver ou de trabalhar seu relacionamento para mantê-lo saudável. O realismo positivo requer que sejam feitos grandes esforços para o relacionamento, de modo que mesmo em meio às dificuldades você nunca perca de vista o potencial para a felicidade, e de fato *sinta-se* feliz – na certeza de que aquilo que divide com seu parceiro ultrapassa qualquer medida.

No bojo desse despertar para a felicidade está o processo de repensar o que imaginamos querer. Os desejos sem chance de serem realizados se transformam em fardos que nos sobrecarregam proporcionalmente à quantidade de tempo que gastamos sonhando acordados. Ao divagarmos em torno desses sonhos sem sentido, estamos nos arriscando a negligenciar as verdadeiras oportunidades.

Então, como podemos aprender a usufruir, apreciar e melhorar o que já temos em nosso relacionamento? De que modo diferenciar os sonhos falsos das aspirações realistas? O processo descrito a seguir ajudará vocês a perceberem a diferença. Cada um deve perguntar a

como repensar o que você quer

si mesmo "De que preciso realmente para ser feliz em meu relacionamento?" e fazer uma lista – sem diferenciar as coisas que já tem das coisas que está buscando. É bem provável que essa lista consista, principalmente, de atributos do relacionamento, como paixão, respeito, intimidade etc.; mas também pode incluir aspectos de auto-realização, como um bom emprego; e considerações práticas, como alguém para cuidar de seus filhos uma noite por semana.

Agora, ambos devem adotar uma atitude mais implacável e realista. Cada um deve examinar um item de cada vez e perguntar a si mesmo se acha, ou não, que poderia ser feliz sem ele. Risquem os itens aos quais responderiam "sim". Descobrirão que a lista vai ficando cada vez menor. E à medida que se desfazem da maioria das condições que se impuseram para serem felizes, é impressionante

a arte do realismo positivo

como aumentam suas probabilidades de atingir seus objetivos. Quando ambos terminarem de reduzir suas listas, observem cada item e pensem em que circunstâncias poderiam ser felizes sem ele. Isso fará vocês compreenderem que a maioria das coisas que consideravam necessárias para conquistar a felicidade no relacionamento seria, de fato, desnecessária, se algumas outras coisas pudessem melhorar. Quando você chegar a uma lista de itens que acha fundamentais para sua felicidade, mostre-a a seu companheiro. Algumas dessas coisas você já tem: risque-as da lista num espírito de agradecimento mútuo. Os itens que sobraram constituem seus desejos construtivos para mudar. Se algum item se repetir na lista de ambos, pensem em como criar essas condições em seu relacionamento – eles devem ser fáceis de realizar, já que ambos têm o mesmo desejo de colocá-los em prática. Tratem deles primeiro.

A etapa final do exercício consiste em colocar os itens que restaram – aqueles que representam aspirações individuais – em ordem de prioridade. Eles são seus projetos para a felicidade. É claro que seu parceiro deve conhecê-los e ajudar você a concretizá-los. Agora, vocês dispõem de um plano comum e de dois planos pessoais. O plano comum é aquele em que dois conjuntos de desejos coincidem – o que poderia ser mais poderoso do que um programa de realização mútua? Então, vocês só precisam dar andamento ao programa comum, num espírito de cooperação positivo e harmonioso.

como repensar o que você quer

exercício 8

APERFEIÇOAMENTO DOS OBJETIVOS

O processo de reavaliação daquilo que realmente queremos em nosso relacionamento implica fazer um balanço de nossos anseios e de nossas expectativas, descartando tudo que não consideramos necessário para nossa felicidade ou que seja irreal. Procure fazer esta visualização, que ajudará você a se desapegar de sonhos antigos que não fazem mais parte de sua visão sobre o futuro de seu relacionamento.

um
Escolham um local sossegado onde possam se deitar ou sentar confortavelmente. Convém colocar uma música suave de fundo, a fim de criar um ambiente mais propício. Concentrem-se em sua respiração por 2 minutos. Fiquem atentos a como puxam o ar na aspiração e, depois, a como o soltam, na expiração.

dois
Agora, pensem nos anseios e desejos dos quais gostariam de se verem livres, e imaginem que estão segurando diversos balões coloridos, cada um deles representando um desses apegos desnecessários.

três
Soltem os balões no ar, um por um. Observem enquanto eles sobem pelo ar e desaparecem no céu. Prestem atenção em suas emoções: estão aliviados? Vocês se sentem como se um peso tivesse saído de seus ombros? Ou há uma pincelada de arrependimento por algo que poderia ter acontecido? Seja qual for a reação de vocês, admitam esses sentimentos com honestidade.

quatro
Agora, passem 2 minutos pensando sobre seus planos positivos para o futuro em comum e como pretendem transformar em realidade seus desejos construtivos para mudar.

capítulo 3

estratégias para o relacionamento

A estratégia não é uma inimiga, e sim uma aliada do amor. Quando você segue uma estratégia, coloca energia construtiva na concretização de seus desejos mais profundos. Em outro contexto, o termo pode sugerir premeditação e até fraude. Aqui, ele está totalmente isento dessas conotações. A estratégia de um relacionamento é apenas um princípio prático destinado a facilitar o êxito desse relacionamento, em benefício das duas partes.

Neste capítulo você examinará dez estratégias que lhe permitirão transformar a vida em comum e que lhe oferecem uma nova visão de como desenvolver seu potencial individual. Cada estratégia conta com um exercício prático. As estratégias se destinam a ajudar você a estabelecer hábitos positivos no relacionamento, que serão estímulos para o amor crescer e florescer.

Elas enriquecerão tanto os momentos em que estiverem juntos quanto os que estiverem separados. E auxiliarão a evitar armadilhas comuns, nas quais qualquer casal pode cair.

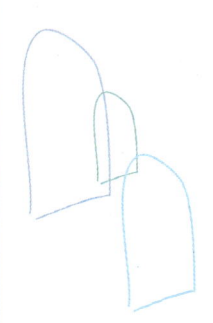

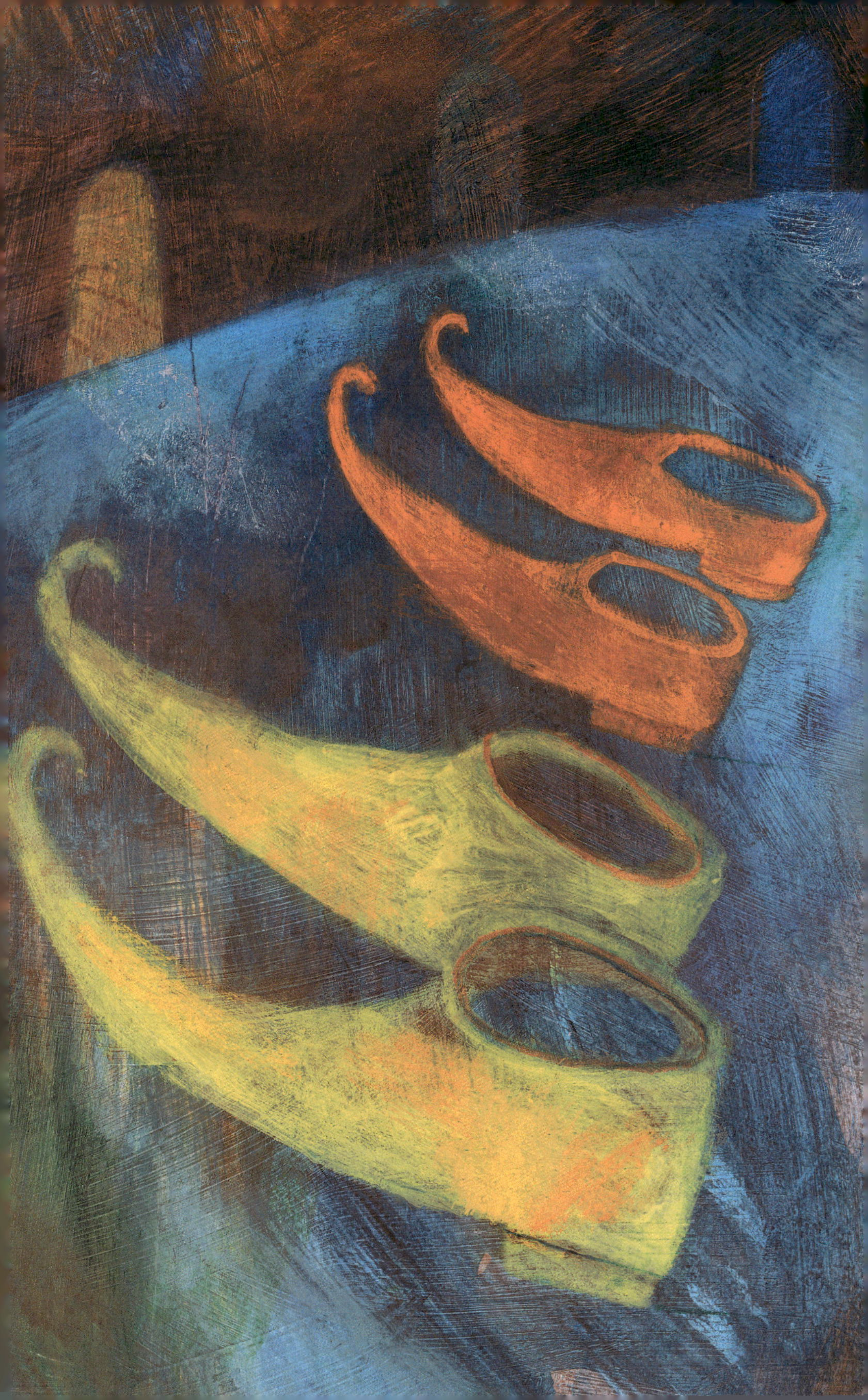

como usar as estratégias

Essas estratégias são abordagens cuidadosamente elaboradas para ajudar você a atingir suas metas. O repertório de dez estratégias para o relacionamento se refere a um programa para criar uma união segura, gratificante e amorosa com seu companheiro sem descuidar do desenvolvimento de seu próprio potencial. Se estiver pensando em trabalhar com seu parceiro neste capítulo, estabeleça um horário regular a cada semana para a leitura das estratégias seguida dos exercícios em conjunto. Sugiro que comecem com a Estratégia 1 (Proximidade), e passem para a Estratégia 2 (Valorização), pois elas são fundamentais para a harmonia do relacionamento e não devem ser omitidas. Depois disso, vocês continuam a trabalhar as estratégias na seqüência, ou podem escolher as que pareçam mais importantes para as circunstâncias em que vivem.

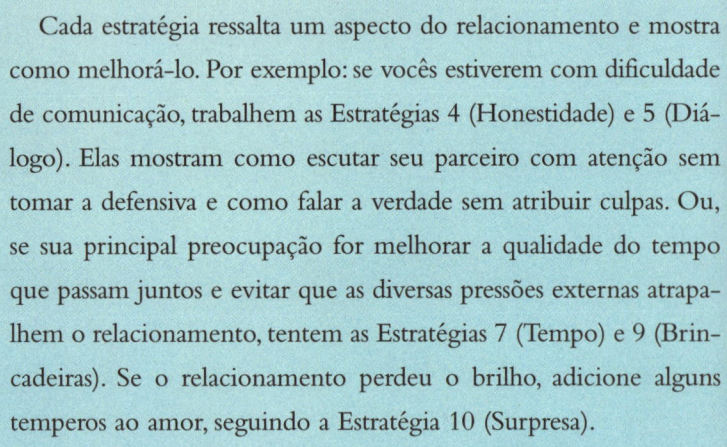

Cada estratégia ressalta um aspecto do relacionamento e mostra como melhorá-lo. Por exemplo: se vocês estiverem com dificuldade de comunicação, trabalhem as Estratégias 4 (Honestidade) e 5 (Diálogo). Elas mostram como escutar seu parceiro com atenção sem tomar a defensiva e como falar a verdade sem atribuir culpas. Ou, se sua principal preocupação for melhorar a qualidade do tempo que passam juntos e evitar que as diversas pressões externas atrapalhem o relacionamento, tentem as Estratégias 7 (Tempo) e 9 (Brincadeiras). Se o relacionamento perdeu o brilho, adicione alguns temperos ao amor, seguindo a Estratégia 10 (Surpresa).

Às vezes, um membro do casal está mais disposto do que o outro a energizar o relacionamento. E mesmo que o relacionamento cresça mais depressa quando ambos estão dedicados a

como usar as estratégias

mudar, ainda pode haver uma melhora significativa se apenas um dos parceiros dedicar a ele um esforço especial. O relacionamento é como um móbile: se apenas uma parte for movimentada, ocorre um "efeito dominó", e todas as peças começarão a se mexer, parando em um novo ângulo. Do mesmo modo, se você mesmo mudar, a pessoa que representa uma parte tão importante em sua vida também mudará em conseqüência disso.

Seja qual for a sua situação, sua idade, se moram juntos ou não, ou se têm filhos em casa, as estratégias vão mudar o modo como você se relaciona consigo mesmo e com seu companheiro, e ensinará a você a amar de um jeito novo, baseado em harmonia, compreensão e verdade. Os bons relacionamentos evoluem naturalmente, mas sempre podem ser mais fortalecidos; e relacionamentos abalados sempre podem ser harmonizados de novo.

estratégia 1: proximidade

> *O amor é a ponte entre dois corações.*
>
> Anônimo

A proximidade vai muito além do contato físico, pois é a sensação de que pode ser você mesmo, integralmente, na companhia de seu parceiro. Se não sentirem essa sensação, vocês são como estranhos que se movimentam dentro de uma vida a dois, mas sem o calor da intimidade. A proximidade assume diversas formas: física, emocional, intelectual, social e espiritual. Cada uma delas é poderosa e, a seu modo, enriquece o relacionamento. Em termos ideais, vocês deveriam ser próximos em todas essas áreas, mas, na prática, a maioria dos casais tende a ter proximidade em algumas coisas e não em outras. Concentrem-se, primeiro, nas formas de proximidade mais fracas. Não se esqueçam de que, para grande parte dos casais, os tipos mais importantes de proximidade a cultivar são o emocional e o físico.

Não há dúvida de que os seres humanos se sentem mais próximos uns dos outros quando usufruem de contato corporal. Quando bebês, ficávamos mais felizes quando acariciados por nossa mãe ou nosso pai. E por toda a vida adulta continuamos a sentir a sensação de segurança e de conforto que vem da proximidade física com os outros. Infelizmente, os casais, em sua maioria, vão se tocando cada vez menos, à medida que seu relacionamento amadurece, e esse distanciamento emocional tende a aumentar com a perda de contato físico.

Para redescobrir a proximidade física e emocional, por que não se abraçarem? Podem começar sempre que um de vocês sair de casa ou voltar. Procurem prolongar o abraço por pelo menos duas respirações completas. Relaxem e concentrem toda a atenção nas sensações de cordialidade e proximidade. Se você for fisicamente

estratégia 1: proximidade

mais forte ou maior que seu parceiro, cuidado para não apertá-lo demais. Tão logo vocês já estejam habituados aos abraços em determinados momentos, descobrirão que começaram a se tocar com mais freqüência, de um jeito mais espontâneo.

    Agora, pare e pergunte-se com que freqüência você beija seu companheiro. Não se trata daquele beijinho rotineiro, no rosto, e sim daquele beijo de verdade, terno, mágico, na boca. Você já perguntou a seu parceiro de que modo ele gosta de ser beijado? Se não perguntou, trate de descobrir agora. Sabe-se que muitas mulheres ficam infelizes com o modo como seus companheiros as beijam, mas nunca dizem isso diretamente. Beijar é uma maneira maravilhosa de favorecer a proximidade, principalmente se você o fizer com sensibilidade. Com os lábios macios e flexíveis, aproxime-se com delica-

estratégias para o relacionamento

deza e afeição, de modo que seu parceiro possa corresponder com ternura. Use a língua apenas quando quiser mostrar que gostaria de ter um contato mais sexual.

É claro que o sexo bem resolvido é uma ótima maneira de aumentar a proximidade emocional e física num relacionamento, mas às vezes é difícil ter uma vida sexual que funcione para ambos. Parte do problema é que muitas pessoas – principalmente mulheres – acham difícil externar o que realmente querem na cama. Uma boa maneira de se tornar mais atuante sexualmente é fazer um rodízio nas sessões de amor, alternando quem vai ser o parceiro ativo e o passivo. Como membro ativo do casal, você toma a iniciativa sexual enquanto seu companheiro vai dizendo o que suas atenções fazem ele sentir. O membro passivo comenta o que lhe dá prazer e também orienta como o membro ativo pode melhorar sua técnica, de modo a conferir mais prazer a qualquer experiência menos agradável, a exemplo de acertar a pressão do toque ou de se concentrar numa parte diferente do corpo.

Além do contato físico, você pode dar um impulso à proximidade ao ficar mais aberto a seus sentimentos. Reflita por alguns momentos no modo como expressa seu amor para o parceiro. Você diz que o ama, ou prefere demonstrar seu amor por atos, como preparar o banho dele todas as noites? Experimente este teste. Cada um faz uma lista dos modos pelos quais acha que demonstra amor pelo parceiro. Depois, troquem as listas e cada um avalia se as coisas que o companheiro anotou de fato fazem vocês se sentirem amados. Em seguida, discutam suas descobertas e cada um diz como o outro deve demonstrar seu amor de forma mais eloqüente.

estratégia 1: proximidade

exercício 9

PARA ANIMAR O AMOR

Em muitas culturas, a respiração é vista como manifestação do espírito; e quando respiramos juntos é por meio desse sopro que se faz a comunhão de almas. Este exercício ajudará vocês a harmonizarem suas respirações para que cada um desenvolva a sensação de identidade com o outro. Escolham um cômodo tranqüilo, onde possam fazer o exercício, e ouçam uma música de meditação, suave, para ajudar na concentração e no relaxamento. Será preciso um relógio para controlar a sessão.

um
O parceiro A se deita na cama ou no chão, de barriga para cima (e controlará o relógio). O parceiro B se deita no estômago do companheiro como se fosse um travesseiro.

dois
Ambos relaxam e diminuem o ritmo respiratório. O parceiro B procura sincronizar sua respiração com a do parceiro A. Fiquem atentos para o que sentem quando respiram em harmonia. Mantenham o ritmo suave da respiração por 5 minutos.

três
Troquem de lugar, de modo que o parceiro B passe a ser quem controla o relógio e o parceiro A repousa a cabeça no estômago do companheiro. Agora, o parceiro A regula sua respiração pela de seu companheiro por 5 minutos.

quatro
Comparem suas considerações sobre cada experiência. Digam se o exercício foi difícil ou fácil para cada um de vocês, e qual a sensação de ficar em sintonia com a respiração do companheiro. Repitam este exercício para recuperar a proximidade sempre que se sentirem distantes.

estratégia 2: valorização

Saber que somos valorizados pode marcar a diferença entre ser feliz ou ser infeliz. O outro lado da moeda, é claro, consiste em ser subestimado, coisa de que ninguém gosta: é uma espécie de miopia, uma falha da imaginação, além de ser uma injustiça, e muitas vezes fazer a vítima sentir um exasperado ressentimento.

A valorização possui dois componentes: conhecer o valor do caráter, dos talentos, das atitudes e do comportamento de seu companheiro; e expressar gratidão por esse valor, e pelos gestos, às vezes muito pequenos, que isso implica.

Por vezes, o companheirismo se distancia tanto da valorização que o casal se acomoda e acaba perpetuando o hábito de se lamuriar. Se você acha que está caindo nessa armadilha, livre-se dela imediatamente. Pare de se queixar, e procure pensar em algo positivo para dizer. Se você encarar seu relacionamento de maneira otimista, irá inspirar não apenas seu parceiro como também a si mesmo. Ganhará novamente a energia e o entusiasmo que estava a ponto de perder.

O segredo para valorizar seu companheiro e o relacionamento é começar a valorizar tudo na sua vida. Permita que as pequenas coisas adquiram seu verdadeiro valor, e seu relacionamento encontrará, naturalmente, seu próprio lugar na escala. Comece conscientizando-se de seu ambiente, e das sensações que experimenta. Uma das maneiras mais fáceis de valorizar o simples fato de estar vivo é prestar atenção na respiração e, nesse processo, se tornar mais consciente de seu corpo e das conexões dele com o mundo exterior. Outro jeito ótimo de começar é pela prática de sorrisos.

estratégia 2: valorização

Primeiro, olhe-se no espelho e procure se acostumar à sua expressão habitual. Em geral, você costuma ter uma aparência descontraída ou cerimoniosa? Agora, observe o que acontece quando abrir um sorriso. Note como isso levanta seu ânimo imediatamente. Adote essa prática de sorrir para seu parceiro como a primeira coisa a fazer pela manhã e a última, no final do dia, quando lhe der boa-noite. Depois, amplie essa prática de modo a incluir todos que encontrar.

Essa "terapia do sorriso" nos ensina que a valorização é uma atitude de ciclo curto. Você pode passar da indiferença ao envolvi-

estratégias para o relacionamento

> *A valorização é uma coisa maravilhosa. Ela faz com que aquilo que é excelente nos outros também passe a nos pertencer.*
>
> Voltaire (1694–1778)

mento num piscar de olhos – e só terá de fazer isso uma vez para ver como é eficaz e gratificante. Vá devagar. Observe seu relacionamento e veja como é abençoado. Pergunte a si mesmo: "Ao que devo agradecer?". Talvez ao fato de que podem ir juntos para o trabalho todos os dias, ou de que seu parceiro gosta de passar roupa. Agora, analise especificamente o que há de especial em seu companheiro. Procure enxergar o pleno potencial dele. Faça uma lista de todas as coisas que você valoriza nessa pessoa cujo caminho cruzou o seu. Alguns desses aspectos envolvem você, mas outros, não: pode ser que seu parceiro seja muito dedicado a um parente idoso, demonstrando sua capacidade de compaixão; talvez ele faça você rir, imitando pessoas, o que demonstra seu humor espontâneo, e assim por diante.

Como norma, os aspectos familiares do relacionamento tendem a ser tratados no fim – o que não é de surpreender quando não temos outros pontos de comparação. Nosso companheiro pode ser mais perspicaz, inteligente, amável, sensual, generoso e abnegado do que qualquer outra pessoa com quem já nos relacionamos. Mas, é claro, não temos como confirmar isso concretamente. Temos vontade de compará-lo aos parceiros de nossos amigos – pode ser que entre eles haja alguém mais prático, ou mais estudado, ou mais artístico –, contudo não é possível fazer uma comparação real, pois nunca saberemos como essas pessoas são na convivência diária. De qualquer modo, fazer comparações é desnecessário e nada generoso. O melhor é reconhecer a combinação ímpar das qualidades de seu companheiro, e fazer um esforço consciente para demonstrar quanto você valoriza tais qualidades – dizendo claramente ou com atitudes simbólicas.

estratégia 2: valorização

exercício 10
DIETA DE POUCAS QUEIXAS

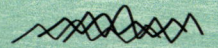

Muitas pessoas costumam se queixar para o parceiro. Chegou a hora de romper com esse hábito e se tornar mais construtivo no relacionamento. O objetivo deste exercício é lhe mostrar como cultivar uma valorização mais profunda de seu amado. Não se preocupe se ele valoriza você – apenas se concentre na sua própria noção de valorização.

um
Para seguir a Dieta de Poucas Queixas é preciso que você se abstenha de criticar seu companheiro diretamente ou para outra pessoa, durante uma semana. Vocês deveriam fazer a dieta ao mesmo tempo, escolhendo uma semana para isso.

dois
Vocês devem criar um conjunto de diretrizes, por exemplo: proibição de brincadeiras ou comentários mordazes e sarcasmos. Xingamentos estariam completamente banidos.

três
Note quando os pensamentos negativos sobre seu parceiro surgem em sua mente, e cale-os. Um ótimo jeito de fazer isso é pensar: "Às vezes, meu companheiro é difícil, mas ele também é...", acrescentando uma qualidade que valorize-o. Passe a se concentrar nessa qualidade positiva.

quatro
A cada dia, faça algum tipo de cumprimento ou elogio a seu parceiro. (Mas faça isso de coração, sinceramente, caso contrário não terá valor.)

cinco
Preste atenção a qualquer coisinha que seu companheiro fizer para você e manifeste sua valorização por isso. Faça questão de agradecê-lo, e lhe dê um abraço.

seis
Ao fim da semana, comparem as notas. Vocês devem descobrir que, por se voltarem para os pontos positivos, a valorização que um faz do outro melhorou e que vocês a perceber o que há de especial no relacionamento.

estratégia 3: compaixão

A compaixão por nossos semelhantes é o alicerce de várias tradições espirituais pelo mundo. É uma das maiores emoções transformadoras do ser humano, porque, ao demonstrarmos compaixão, transcendemos os limites do nosso "eu" e adotamos uma visão de vida mais ampla e abrangente, que enfatiza as ligações humanas, e não a individualidade. Essa noção de afinidade traz compreensão e cura, tanto para nós mesmos como para as pessoas pelas quais demonstramos compaixão.

Se nosso objetivo máximo é demonstrar compaixão por todos, podemos supor que seria mais fácil começar pela pessoa mais próxima: nosso companheiro. No entanto, costuma ser muito mais fácil mostrar compaixão por um estranho do que pela pessoa a quem mais amamos. Quando vemos nosso parceiro sofrendo, quase sempre reagimos com ansiedade e frustração em vez de manifestarmos compaixão. Isso ocorre porque qualquer sofrimento dele desperta em nós o medo da perda e uma sensação de desespero. Afinal, nossa vida está intimamente interligada e temos certeza de que, seja qual for o sofrimento pelo qual nosso companheiro esteja passando, isso também afetará nossa vida. Todas essas emoções desagradáveis, como medo e ressentimento, podem dar início a um sentimento de compaixão por nosso parceiro. E é fundamental exercitar a compaixão num relacionamento, pois esse é o caminho para o perdão e pode ser a tábua de salvação para seu companheiro em momentos de tristeza e dor.

Já examinamos a importância da empatia num relacionamento bem-sucedido (veja págs. 28-31) – a sensação de estar próximo dos

estratégia 3: compaixão

sentimentos mais íntimos de nosso parceiro, quase a ponto de ler seus pensamentos. A compaixão é a empatia na prática, em situações nas quais a ajuda é necessária. Ela implica compreender o problema de seu companheiro, e ser sensível com as palavras, além de construtivo no que faz. A técnica de escuta atenta (veja págs. 110-17) pode ser uma parte valiosa desse processo.

O compromisso de envelhecer juntos significa agir com compaixão durante todas as etapas da vida. Mesmo nas vidas mais afortunadas existem períodos de tristeza e desgosto, momentos em que a compaixão é necessária. Se seu amado está sofrendo, você pode se sentir puxado em duas direções: de um lado, talvez sinta uma aversão instintiva à angústia ou à dor dele e queira rejeitar tudo isso; de outro, pode sentir que deseja como que tomar para si esse sofrimento, carregar o fardo e "melhorar as coisas" para ele. Lembre-se de alguma ocasião em que seu parceiro foi tomado pela angústia – após sofrer uma perda, por exemplo – ou teve de enfrentar muita dor física. Qual foi sua reação? Se você acha difícil enfrentar esse tipo de sofrimento, lembre-se de que um jeito simples de se acalmar numa crise é concentrando-se numa respiração lenta e profunda, que lhe dará forças para mostrar sua compaixão, quando ela for muito necessária.

Uma ótima maneira de aumentar a compaixão por si mesmo e por seu companheiro é fazer a meditação budista da "gentileza amorosa". Escolha um lugar sossegado e sente-se confortavelmente, numa postura ereta. Feche os olhos e comece a se concentrar em você mesmo, com amor e aceitação. Diga mentalmente: "Fique bem. Fique em paz". Procure se desligar de todas as preocupações, esperanças e vontades – apenas "seja". Aceite que está presente aqui e agora, e sinta-se maravilhado e grato por sua existência. Expanda essa sensação de gentileza amorosa de modo a abranger a vida de seu companheiro. Concentre-se nele como uma preciosa obra da criação, um ser único a quem você tem o privilégio de conhecer. Envolva-o em seu coração com amor e aceitação. Diga mentalmente: "Fique bem. Fique em paz", enviando a ele seus sinceros votos de bem-estar. Concentre-se na singularidade dele, em suas qualidades positivas, e no mistério do que o faz ser ele mesmo.

estratégia 3: compaixão

exercício 11
O DESPERTAR DO CORAÇÃO SENSÍVEL

Este exercício ajudará você e seu parceiro a desenvolverem a capacidade de se identificar com as emoções um do outro, por permitirem vivenciar, apenas por alguns instantes, como seria a vida da outra pessoa. Será preciso um relógio para marcar o tempo.

um
Encontrem um lugar onde não sejam perturbados, como um quarto sossegado ou um jardim tranqüilo. Sentem-se confortavelmente, frente a frente. Vocês revezarão no papel de quem fala e quem escuta (que também controlará o tempo). Joguem uma moeda para ver quem fala primeiro.

dois
Escolha uma experiência de forte carga emocional para contar – deve ser algo que ocorreu fora do relacionamento e longe de casa. Por exemplo: talvez você tenha tido uma discussão com um amigo recentemente, e isso o deixou triste e com raiva. Preste atenção para falar de sua reação emocional a essa experiência, em vez de apenas narrar uma história.

três
Troquem de lugar. Quem escutava agora "se torna" a pessoa que fala e procura, o mais fielmente possível, o que acabou de escutar, repetindo não apenas as palavras, mas também o tom de voz e a postura de quem falava. A idéia é induzir em você mesmo as emoções que seu companheiro sentia. Agora, descreva para ele o que sentiu. Cite as emoções e a ordem em que as sentiu. Qual a intensidade delas?
Se seu parceiro acha que você não conseguiu reproduzir muito bem as emoções que ele sentiu, continue tentando, a fim de melhorar sua capacidade de empatia.

quatro
Depois que vocês tiverem se revezado como quem fala e quem escuta, reflitam sobre a sensação de "ser" o outro. Vocês sentem mais compaixão em relação ao outro? Discutam suas descobertas e sugiram modos de colocar em prática no seu relacionamento o que aprenderem neste exercício.

estratégia 4: honestidade

A maioria das pessoas acha a honestidade importante num relacionamento, mas pouquíssimos casais são absolutamente honestos. Isso não significa, necessariamente, que planejamos ser falsos, apenas que às vezes pensamos que uma conversa seria mais bem resolvida "em outro momento", ou nos sentimos meio envergonhados ou constrangidos em relação a alguma coisa e preferimos enterrar o assunto em vez de expô-lo.

O que impede as pessoas de serem totalmente honestas é o medo; e num relacionamento é principalmente o medo de perder o companheiro. Para poder lidar com esse medo a maioria das pessoas adapta sua personalidade, pelo menos até certo ponto, para agradar o parceiro e para se tornar mais digna de amor. Essa é uma forma de desonestidade, como se usássemos uma máscara. Depois, dá muito medo retirar a máscara e revelar o verdadeiro eu, com todas as reações emocionais à vista.

Leva um bom tempo até que você consiga realmente se abrir para seu companheiro e revelar seus sentimentos mais íntimos. Isso ocorre porque você tem medo de lhe contar coisas que imagina serem difíceis para ele aceitar. Pode começar dizendo a ele, honestamente, como se sente numa situação específica: "Quando você faz X, eu sinto Y". Se você se limitar a expressar emoções, é provável que seu parceiro escute sem ficar na defensiva. Afinal, se você afirmar "Estou triste", quem vai discutir? Não se esqueça de que, se você expuser seus pensamentos e suas opiniões, estará se abrindo à provocação e as discussões podem ocorrer.

estratégia 4: honestidade

> *A maior felicidade da vida é a certeza de que somos amados – amados pelo que somos, ou melhor, amados apesar do que somos.*
>
> **Victor Hugo (1802-1885)**

Uma vez que você tenha começado a falar honestamente sobre pequenas coisas e haja criado certa confiança em seu companheiro, talvez se sinta preparado para lhe confidenciar questões mais sérias. Quem sabe você não tem um segredo (como ter tido um caso, ou tenha ficha na polícia), e tema que a divulgação disso prejudique seu relacionamento. É preciso muita coragem para falar a verdade, pois ela pode magoar profundamente seu parceiro, e não dá para prever a reação dele. Por isso, antes de fazer revelações, analise os motivos que o levam a isso. Tem certeza de que está sendo

estratégias para o relacionamento

honesto para melhorar seu relacionamento? Ou faz isso para se livrar de um fardo antigo e, assim, se sentir aliviado? Se você sabe que está contando a verdade no interesse do relacionamento, ou por uma necessidade moral cuidadosamente estudada, terá de expô-la. Na minha experiência, a revelação de segredos costuma unir os casais, em vez de abalar a união.

Além dos segredos, podemos encontrar a desonestidade em pequenas coisas, como contar "mentirinhas inocentes" que não consideramos prejudiciais. O problema é que mesmo pequenos atos de desonestidade podem levar à quebra de confiança. Só para ilustrar, imagine-se vestindo uma roupa cara, gastando o dinheiro que vocês haviam combinado economizar. Como se sente culpado, conta ao companheiro que a roupa foi uma pechincha. Mas ele descobre a verdade quando, por acaso, vê o recibo de compra. Seu parceiro fica magoado, não porque você gastou o dinheiro, mas porque mentiu. É sempre melhor reconhecer que podemos desapontar o companheiro do que arriscar a abalar sua confiança em nós, aumentando nosso erro com uma mentira.

Outro aspecto importante da honestidade é a capacidade de dizer "não". De vez em quando, num relacionamento, o parceiro mais sereno pode concordar com a vontade do outro só para manter a paz. Mas ignorar os próprios desejos cria ressentimentos e corrói o amor. Lembre-se: não é possível modificar seu companheiro de repente, mas você *pode* mudar a maneira de reagir a ele. É importante ser firme e saber dizer "não" ao que você não quer – significa que está respeitando sua própria integridade. E, se ambos forem honestos sobre o que gostam e não gostam, verão que a vida fica mais fácil, já que saberão exatamente onde pisam.

estratégia 4: honestidade

exercício 12

DIZER A VERDADE

Agora, vocês vão exercitar a capacidade de falar a verdade. Programem este exercício para quando estiverem relaxados e bem um com o outro. O tema pode ser uma discórdia do passado que, aparentemente, foi resolvida, mas que ainda provoca tensão entre vocês.

um
Sentem-se lado a lado. Revezem-se no papel de narrador e ouvinte. Joguem uma moeda para ver quem fala primeiro. Escolham a questão que irão enfocar e ambos farão uma abordagem imparcial.

dois
O primeiro narrador começa discorrendo sobre determinada experiência, mencionando apenas suas emoções, sem culpar o parceiro. Comece usando a fórmula: "Quando você..., eu me senti...". Você pode passar 5 minutos descrevendo seus sentimentos. Depois, permita-se atingir um nível mais profundo das emoções, dizendo: "Para falar a verdade, lá no fundo, eu sentia...". Por exemplo: se você estava com raiva, fale agora da mágoa, do desapontamento ou do medo que estavam por baixo dessa raiva.

três
Troque de papel e escute a experiência de seu companheiro sobre a mesmo questão.

quatro
Quando ambos tiverem falado e ouvido, perguntem-se como se sentem, agora, em relação ao problema. Discutam o que cada um aprendeu ao escutar a verdade. De que modo esse conhecimento pode ajudá-los a resolver outras controvérsias que existem?

estratégia 5: diálogo

É preciso esforço e disciplina para desenvolver um diálogo construtivo, que está na essência de qualquer relacionamento bem-sucedido. Mas as recompensas são inestimáveis – cada vez que você abordar uma conversa difícil com honestidade, gentileza, respeito, empatia e imaginação, estará fortalecendo os laços de seu companheirismo.

As duas habilidades fundamentais para o diálogo construtivo são a "escuta atenta" e a conversa direta. Escutar atentamente significa silenciar seu palavreado mental, banir qualquer julgamento preconcebido ou pensamentos defensivos e se concentrar completamente naquilo que seu companheiro tem a dizer. Quanto mais você fica absorvido pela escuta, mais compreensão você consegue.

Talvez você ache que já é um bom ouvinte, mas será muito proveitoso seguir as técnicas de escuta atenta. Comece treinando com coisas pequenas. Quando alguém estiver falando com você, resista à pressa de responder antes que o indivíduo complete o que tem a dizer. Se perceber que está formulando respostas antes que ele tenha terminado de falar, desligue-se de seus pensamentos e concentre-se de novo no que está escutando.

Outro ótimo jeito de se treinar a escutar direito consiste em, quando estiver a sós, fechar os olhos e se abrir para os sons ao seu redor: ruído do trânsito, canto dos pássaros, rádio – tudo. Procure ampliar sua capacidade de escutar selecionando apenas um som e deixando que ele preencha sua consciência. Se sua mente começar a divagar, traga-a, delicadamente, de volta ao som. Depois, aplique a mesma técnica ao escutar seu parceiro. Preste atenção somente na voz dele e procure se manter conscientemente sintonizado. Concentre sua

estratégia 5: diálogo

São necessárias duas pessoas para dizer a verdade: uma para falar e outra para ouvir.

Henry David Thoreau
(1802–1885)

mente e escute com cuidado o que seu companheiro está realmente dizendo. Não interprete nenhum significado adjacente, aceitando as palavras pelo que elas são. Se não tiver certeza de que captou o sentido correto, repita o que ouviu em suas próprias palavras – a verificação de que você entendeu direito pode evitar que, mais tarde, surjam equívocos. Quando seu parceiro terminar de falar, não se apresse em responder. Durante alguns minutos, reflita sobre tudo que foi dito, antes de formular uma resposta.

Sintonizar-se com seu companheiro é apenas metade da equação. A outra metade consiste em desenvolver a capacidade de se expressar de maneira verdadeira e sensata. Pode começar garantindo que você diz exatamente o que pensa. Por exemplo: se estiver chateado porque seu parceiro não estava presente numa festa familiar, diga-lhe. Se, ao contrário, disser que não se importa, é improvável que ele adivinhe como você realmente se sente e, assim, não poderá fazer nada a respeito. Depois você vai ficar ressentido e, se continuar repetindo esse comportamento, seu relacionamento ficará abalado.

Outra maneira de conversar realmente com seu parceiro consiste em se controlar para não usar um linguajar que o culpe. Assuma a responsabilidade por seus atos e sentimentos usando afirmações sobre "si mesmo", em vez de afirmações sobre "o outro". Diga a ele, por exemplo: "Eu não gostei do filme, mas a culpa é minha por não ter percebido que era um filme de ação"; em vez de falar: "Você sabe que eu não gosto de filmes de ação, então por que escolheu este?". Ao abordar a questão dessa maneira você fala de sua sensação, mas não coloca o companheiro na defensiva.

É fácil entrar naquela lengalenga de reclamar do parceiro, que provavelmente se "desliga" e nem escuta. Procure evitar o uso de termos como "sempre" ou "nunca". Por exemplo: em vez de dizer "Você nunca lava a louça", prefira "Gostaria que você me ajudasse com a louça. Que tal você lavar e eu enxugar?". Ao fazer uma sugestão construtiva, você incentiva o companheiro a reagir favoravelmente. Você abre a comunicação, em vez de fechá-la. Se quiser trabalhar mais com o diálogo, faça o exercício 13 e, depois, veja as Estratégias 2: Valorização (págs. 98-101) e 4: Honestidade (págs. 106-109).

Assim que você melhorar suas habilidades para dialogar poderá aplicá-las construtivamente na arte de resolver problemas.

estratégia 5: *diálogo*

exercício 13

COLOCAR-SE NO LUGAR DO OUTRO

Neste exercício vocês testam suas capacidades de escutar e falar. Vocês se revezam na escuta e na fala, e ambos fazem um resumo sobre os pontos mais importantes da fala de cada um. Assim, serão capazes de ver, imediatamente, se estão se comunicando bem. Serão necessários um relógio, para marcar o tempo, duas canetas e um pouco de papel.

um

Joguem uma moeda para ver quem fala primeiro. O narrador escolhe um tema que não esteja ligado ao relacionamento e fala sobre ele durante 5 minutos. Talvez você queira narrar uma viagem ou contar a seu parceiro como foi seu dia; mas mencione coisas que gostou ou detestou fazer, qualquer coisa que você tenha achado muito interessante ou chata, para que a narração fique animada.

dois

Quando terminar a primeira narração, peguem a caneta e papéis e anotem o que consideram os cinco pontos mais importantes tocados pelo narrador. Depois, coloquem os papéis de lado.

três

Troquem de lugar, de modo que quem falou primeiro agora apenas escute. Novamente, a pessoa fala durante 5 minutos sobre algum assunto que não tenha nada a ver com o relacionamento. Em seguida, ambos resumem no papel os cinco pontos mais importantes da segunda narrativa.

quatro

Agora, comparem os pontos que cada um anotou sobre a fala do outro. Você considera que seu companheiro escutou com atenção? E ele acha que você o escutou direito? Vocês selecionaram as mesmas cinco coisas? Você fala ou escuta melhor? Discutam os modos pelos quais vocês poderiam utilizar esta técnica para melhorar suas capacidades de comunicação dentro do relacionamento.

Mas, antes de examinarmos as maneiras de resolver problemas em conjunto, vamos deixar claro o seguinte: varrê-los para baixo do tapete não é a solução. A resolução de problemas pode ser catártica. Mesmo quando a solução é difícil ou aparentemente indesejável, encontrá-la é fundamental para nossa paz de espírito e para uma dinâmica positiva em nosso relacionamento.

Dentro do relacionamento, nossa compreensão do problema talvez fique meio atrapalhada por causa dos sentimentos de nosso companheiro, cuja visão pode ser bem diferente da nossa. Trabalhar juntos numa situação não é como chamar um amigo para ajudar você com um problema pessoal. Você precisa, de fato, da ajuda de seu parceiro para resolver o problema, e ele vai precisar da sua, mas, na prática, isso significa um acordo para trabalhar juntos, dentro de um espírito de compreensão e cooperação recíprocas. E o mais importante: ambos têm de estar preparados para conversar – ou para adiar a conversa por algum tempo, se chegarem num impasse, ou sentirem que a discussão não levará a nada, ou se um de vocês se sentir emocionalmente exaurido.

O primeiro passo consiste em discutir se ambos concordam que o problema existe. Muitas vezes, no relacionamento um dos companheiros acha que algo vai mal, enquanto o outro julga que tudo está bem. Quando um de vocês considera que existe um problema, o outro precisa deixá-lo falar – não se esqueça de que as emoções que cada um sente são igualmente válidas, mesmo que não sejam compartilhadas. Antes de começar, combinem que irão procurar uma solução juntos.

No passo seguinte, ambos escrevem a própria visão do problema em uma ou duas frases. Depois, anotam duas soluções possíveis.

estratégia 5: diálogo

Talvez vocês consigam mais que isso, mas limitem-se a selecionar as duas melhores soluções.

Em seguida, cada um lê em voz alta as frases que descrevem o problema. De que modo suas análise se diferenciam? Mesmo nessa etapa inicial podem ocorrer argumentações, por isso sejam disciplinados. Concentrem-se apenas nas definições sem ainda mencionar as soluções. Não se interrompam, esperando até que o parceiro tenha terminado um ponto específico. Convém definir de antemão algumas regras. Por exemplo: se algum de vocês tiver uma questão específica a colocar em resposta ao que está sendo dito, levantará a mão; a outra pessoa acabará de delinear seu ponto, mas permitirá que o companheiro fale antes de iniciar alguma idéia nova. Man-

Temos dois ouvidos e uma boca para que possamos escutar duas vezes mais do que falamos.

Epicteto (c.55–c.135)

tenham a voz calma e em nível controlado. Dêem-se as mãos ao falar, num gesto de cooperação amorosa.

Assim que definirem o problema juntos, cada um deve elaborar mentalmente as soluções possíveis – e, se desejar, modificá-las de acordo com a conversa que acabaram de ter – antes de lê-las em voz alta. Conforme vai escutando o que seu parceiro tem a dizer, preste atenção nos seus sentimentos. Se perceber que está se controlando ou ficando em pânico, pergunte a si mesmo se essa é uma reação válida para o que está sendo colocado. Procure se distanciar, mentalmente, dessa situação desagradável e a observe sob uma perspectiva abrangente. Todos nós temos a tendência de reagir a idéias hipotéticas como se fossem situações reais: nossa imaginação, que nos ajuda a avaliar idéias, também pode revesti-las de terror. Mas basta lembrar que uma sugestão não passa de uma sugestão – e que o resultado do diálogo será algo que vocês irão desenvolver juntos –, e não as idéias preliminares que cada um ouviu do companheiro.

Depois de trocarem as soluções que prepararam, discutam suas reações iniciais. Há algo com que vocês concordam? Se não há, não se preocupem. Costumamos ficar tão imobilizados por um problema que inibimos nossa criatividade – a capacidade de encontrarmos soluções imaginativas e mutuamente satisfatórias. Para soltar sua criatividade, é preciso que você se distancie da preocupação e esvazie a mente. Saia da sala e faça alguma coisa relaxante e agradável. Experimente fazer uma atividade conjunta, como dar uma volta a pé ou fazer um piquenique. Quando estiverem preparados, sentem-se num lugar sossegado e comecem a estimular sua criatividade para chegar a soluções. O exercício 14 sugere como fazer isso.

estratégia 5: diálogo

exercício 14

O CAOS ORDENADO DO MAPA DA MENTE (MIND MAP®)

Neste exercício, vocês vão desenhar um Mapa da Mente, a fim de criar uma visão geral de seu relacionamento. As sugestões abaixo abrangem todo o relacionamento, mas é possível adaptá-lo para cobrir uma área específica que precise de atenção em sua união.

um
Peguem papel e canetas coloridas. Cada um de vocês desenha dois corações ou duas pessoas ou escreve a palavra "relacionamento" no centro do papel.

dois
Em seguida, desenhem sete linhas sinuosas e grossas saindo da imagem central, como "troncos" de árvore. Façam cada linha de uma cor. Dêem-lhes nomes como: Compromisso, Intimidade, Paixão, Interesses, Liberdade, Finanças e Tarefas Domésticas.

três
Perto da ponta de cada uma das linhas grossas (e mantendo as mesmas cores), desenhe dois ou mais "galhos". Por exemplo: na linha do "Compromisso", talvez você queira colocar galhos para "Objetivos futuros", "Fidelidade", "Tempo" e assim por diante.

quatro
Adicione alguns "ramos" saindo de cada linha. Por exemplo: "Casar ou morar junto" saindo da linha de "Objetivos futuros". Faça o mesmo com todas as outras linhas, puxando o máximo de ramos para fora. Quando terminar, terá uma visão completa de seu relacionamento.

cinco
Analisem seu Mapa da Mente e selecionem as áreas problemáticas para discutir com o parceiro.

seis
Comparem os mapas e discutam um de cada vez. Depois, desenhem um mapa novo que reflita os pontos em que há concordância e as áreas que preocupam ambos. Comecem a dialogar, a fim de encontrar soluções mutuamente satisfatórias.

estratégia 6: aspiração

Quase sempre, os casais entram num relacionamento sem antes descobrir se têm um sonho ou uma aspiração em comum para futuro. É claro que trocam idéias gerais sobre tópicos como casamento, ambições profissionais, entre outras coisas – o que faz parte do processo contínuo de conhecimento mútuo. Mas, nas etapas iniciais de um relacionamento, costumamos evitar discutir questões graves, tanto por medo de assustar o companheiro como por acharmos que a falta de seriedade é o clima para o amor. Isso significa que, às vezes, fazemos suposições sobre a opinião de nosso parceiro sobre algum tópico específico, e depois nos sentimos chocados ao descobrir que sua opinião sobre, digamos, educar os filhos é o oposto da nossa. Embora as pequenas diferenças em nossas aspirações para o futuro possam ser facilmente superadas, as diferenças fundamentais talvez sejam intransponíveis. Portanto, é importante descobrir, quanto mais cedo possível, se os pontos de vista de ambos são compatíveis.

À medida que o companheirismo amadurece, de vez em quando ainda é necessário verificar se ambos estão seguindo na mesma direção. Caso contrário, companheiros muito próximos podem se transformar em estranhos, com pouquíssimos pontos em comum. O sonho de um futuro juntos e o trabalho duro para que isso se concretize acabam produzindo uma unidade especial de propósitos. Quando vocês se ajudam para realizar um sonho, tornam-se um time imbatível. E, realmente, quando você se compromete seriamente para alcançar o que imaginou, estabelecendo metas e registrando-as, além de permitir que os outros testemunhem sua

estratégia 6: aspiração

promessa, esse sonho é posto em prática – conforme vocês crescem juntos, também cresce o seu sonho.

É claro que as aspirações não ocorrem pura e simplesmente. E nem uma aspiração interessante, mesmo que seja imaginada em detalhes, consegue nos levar para mais perto de sua concretização. Se ficarmos sentados, afeitos à nossa rotina diária, nada vai mudar. Temos de transformar nossas aspirações em realidade, esforçando-nos para alcançá-las. Com isso, nós nos tornamos ímãs que atraem oportunidades que ajudam a alcançar nossos objetivos. Mas nossos sonhos precisam ser realistas – não há por que sonhar em se tornar cantor de ópera se você não tem bom ouvido (embora possa ter aulas de canto para melhorar).

estratégias para o relacionamento

Cresça junto comigo, O melhor ainda está por vir.

Robert Browning
(1812–1889)

Para que seu relacionamento seja bem-sucedido, é preciso ter uma noção de onde vocês gostariam de chegar – tanto individualmente, quanto como casal – dentro de determinada linha de tempo. Para começar, vocês poderiam definir exatamente o que cada um entende por "futuro" – você pode estar pensando em termos de anos, ao passo que seu parceiro talvez ache que um mês já é um horizonte bastante distante. Não se esqueçam de que precisarão se dar uma quantidade realista de tempo para conquistar essa aspiração, mas não tempo demais, a ponto de essa conquista parecer uma perspectiva irreal. Um plano que leve de três a cinco anos parece perfeitamente digno de crédito.

Comecem com a visualização de seu futuro ideal (nunca é tarde para isso, mesmo que vocês estejam para se aposentar). Examinem os detalhes práticos, tais como: onde gostariam de morar. Na cidade? No campo? Ou, quem sabe, num barco? Se ainda não têm filhos, vocês querem tê-los? Quantos? Que coisas gostariam de fazer juntos? Quanto tempo querem para si mesmos? E por aí vai. Agora, pensem nos sonhos pessoais, e vejam como eles se encaixam nessa aspiração do casal para o futuro.

Quando vocês tiverem estabelecido tanto a aspiração mútua como os sonhos individuais, escrevam uma nota de compromisso: "Nós iremos ... no ano de ..." e assinem. Em seguida, peçam para um de seus amigos assinar como testemunha. Isso ajuda a enfatizar a seriedade de suas intenções. Ao completarem esses passos, vocês terão ativado o plano para seu sonho, e os acontecimentos começarão a se alinhar em volta de sua aspiração.

Agora, perguntem-se qual deveria ser o primeiro passo para concretizar essa aspiração, e depois façam o exercício 15, que lhes mostrará como se concentrar em seu objetivo.

estratégia 6: *aspiração*

exercício 15

A MAGIA DA SIMPATIA

Este exercício ajudará você e seu companheiro a concretizarem suas aspirações de o futuro em comum. A idéia é que ambos registrem seus sonhos num "Livro de aspirações". Depois, juntos, vocês escolhem um deles aleatoriamente e discutem como transformá-lo em realidade – por exemplo: passar umas férias em local exótico, no prazo de seis meses. Para usar como "Livro de aspirações" vocês precisarão de um pequeno caderno, que deve ser guardado onde ambos possam encontrar.

um
Sempre que algum de vocês tiver um sonho, registre-o no "Livro de aspirações".

dois
Todos os meses, um de vocês escolhe uma aspiração do livro, que passarão a discutir a fim de ver se realmente desejam transformá-la em realidade. (Se não desejarem, risquem-na, e escolham outra, até encontrarem um sonho que ambos queiram.)

três
Comecem a criar o sonho escolhendo algo que o represente e colocando esse objeto num lugar em que sejam constantemente lembrados de seu objetivo. Por exemplo: se quiserem passar as férias em local exótico, poderiam colocar uma concha colorida em cima da penteadeira. Ou, se desejam encontrar um novo apartamento, coloquem uma chave velha na mesa de centro da sala. Ao criar uma representação simbólica de seu sonho e deparar com ela a todo o momento, isso lhes enviará uma energia positiva que, como um ímã, atrairá as condições que transformarão seu sonho em realidade.

quatro
Acompanhem seu progresso mensalmente, e, assim que ficarem felizes porque seu primeiro objetivo está se delineando, poderão eleger outra sugestão de sonho de seu "Livro de aspirações" e começar a se concentrar para, também, concretizá-lo.

estratégia 7: tempo

O tempo, num sentido profundo, é o meio no qual um relacionamento existe. Passamos tempo um com o outro – em casa, onde costumamos medir o tempo em fins de semana; e nas férias, quando cada dia é sempre precioso –, e passamos tempo afastados. Nossa vida se compõe de uma série de despedidas e reencontros, que se alternam interminavelmente. Envelhecemos juntos sem perceber, e marcamos as fases de nosso envelhecimento numa seqüência de aniversários, em geral admitidos (com refeições especiais ou reuniões, e pela troca de presentes), mesmo que não sejam comemorados.

Tudo isso sugere uma relação passiva com o tempo, uma resignação a seu curso inexorável. Contudo, estamos familiarizados com o conceito de administração do tempo, pela qual, no local de trabalho, manipulamos o tempo e fazemos com que ele trabalhe a nosso favor. Nos relacionamentos, igualmente, algum tipo de administração do tempo pode ser proveitoso. Por exemplo: se o relacionamento estiver se afundando na total inércia, vocês precisam começar a passar mais tempo juntos, a fim de reforçar a união. Ou talvez vocês – ou apenas um – levem uma vida tão complicada, por causa do trabalho ou da situação familiar, que precisam criar, conscientemente, períodos para ficarem juntos. Na verdade, todo casal se beneficia de uma análise de seu tempo, para diferenciar, por exemplo, entre o tempo de lazer que passam juntos, o tempo rotineiro, o tempo que passam afastados no interesse do bem comum e o tempo passado afastados por vontade própria.

Um ótimo ponto inicial para fazer essa avaliação é manter um "Diário do tempo" durante uma semana, no qual vocês registram

estratégia 7: tempo

o que fazem a cada dia, desde que acordam até a hora de dormir. Anotem os horários de dormir e acordar, e dividam as anotações nas seguintes categorias: tempo solitário, tarefas domésticas, deveres com a família, socialização, esporte ou entretenimento, atividade criativa, tempo para orações e tempo "do casal" – apenas para ficarem juntos e conversar –, anotando se o que fizeram foi com o parceiro ou sozinho.

No fim da semana, somem a quantidade de tempo que passaram juntos despertos a cada dia, com exceção das horas de trabalho, e também calculem o total passado com os outros ou sozinho. Discutam então o que consideram um equilíbrio saudável – essa é uma questão para cada casal determinar, mas, como uma orientação (não uma receita), vocês poderiam ter como meta passar juntos 50% do tempo livre e 50% em atividades que lhes interessem como indivíduos. Se a profissão rouba muito tempo "do casal", vejam se conseguem adotar horários de trabalho mais flexíveis de modo a ficar mais tempo com o companheiro.

Agora, examine o tempo que passam juntos. Vocês o utilizam de maneira construtiva para cultivar o relacionamento? Quando realizam tarefas domésticas juntos encaram isso como obrigação, ou também extraem prazer por estarem lado a lado? Reservem períodos fixos para discutirem assuntos como finanças, problemas familiares etc., para que passem o restante do tempo juntos simplesmente aproveitando a companhia um do outro. Em seguida, observem o tempo que gastam em atividades de interesse individual. Vejam se poderiam incluir o parceiro, de modo a passar mais tempo com ele. Por exemplo: seu companheiro gostaria de ir junto às aulas de ginástica? Você poderia conferir a ele um papel em seus projetos criativos? E nos momentos de oração, vocês poderiam meditar ou rezar juntos?

Há quem ponha em prática no relacionamento algum tipo de administração do tempo durante os períodos normais, mas se esquece disso nas férias – afinal, por que se preocupar com o tempo quando o fardo do trabalho é aliviado? Mas, na realidade, mesmo as férias se beneficiam de um planejamento cuidadoso e de um equilíbrio entre os momentos em comum e os de solidão. E se não houver muito tempo para discutir assuntos sérios (como nos relacionamentos abalados), procurem não deixar que preocupações mal resolvidas dominem seu tempo livre: lide com elas no período da manhã, para que o resto do dia, e principalmente as noites, fique livre.

estratégia 7: tempo

exercício 16

A HORA DO CORAÇÃO

Reservar um tempo fixo para se reunir com o parceiro é fundamental para o relacionamento dar certo. Procurem encontrar tempo, semanalmente, para passarem uma "Hora do coração" juntos. Esse é um momento para refletir, curar mágoas e dar uma injeção de energia no relacionamento. Experimentem marcar essa "Hora do coração" em um momento em que ambos possam relaxar em um ambiente tranqüilo. Vão precisar de relógio com alarme, e talvez queiram ouvir música para meditação.

um
Ajustem o despertador para tocar em 5 minutos. Agora, comecem com o "Olhar fixo na alma". Sentem-se bem próximos, frente a frente. Fitem os olhos um do outro e mantenham um olhar suave e firme. Fiquem em silêncio total nesse momento, mesmo que se sintam esquisitos ou queiram rir. Observem as sensações do corpo e as emoções que vão aparecendo.

dois
Quando o alarme tocar, terminem o "Olhar fixo na alma" abraçando o companheiro. Digam como se sentiram durante esses 5 minutos.

três
Agora, revejam o tempo que passaram juntos na última semana. Analisem as experiências que tiveram em comum. O que deu certo? O que foi agradável e proveitoso? O que vocês acharam difícil? Façam perguntas construtivas, como: "O que podemos fazer de diferente, na próxima vez?" ou "O que nos ajudaria agora?".

quatro
Escolham um dos exercícios de que mais gostaram até agora e façam-no.

estratégia 8: liberdade

Até nos relacionamentos mais bem resolvidos, a liberdade pode ser uma questão delicada, pois o compromisso leva à restrição voluntária da independência. Mesmo quando o nosso amor pelo companheiro é forte, existe uma parte de nós que ainda anseia pela liberdade perfeita de que nos lembramos de quando éramos solteiros, Às vezes, isso pode nos deixar ressentidos por causa das atuais restrições e porque a liberdade de nosso parceiro parece agradá-lo. Por isso, nos pegamos fazendo brincadeiras ou agindo com sarcasmo quando ele vai atrás de seus interesses ou se encontra com seus próprios amigos. Esse ressentimento pode ser sinal de um ciúme desagradável ou uma sensação de injustiça, porque achamos que nosso companheiro tem mais liberdade que nós. E pior: há pessoas que mantêm relacionamentos pouco saudáveis e podem se sentir sem saída e até presas — e, embora saibam que o relacionamento não é bom para elas, é tão grande seu medo de solidão, de violência e de ver os filhos sofrerem se houver um rompimento que não têm forças para agir.

No entanto, a liberdade — na acepção mais profunda da palavra — é algo que qualquer relacionamento saudável confere aos dois membros do casal, e não tem nada de incompatível com o compromisso. Há relacionamentos que impõem restrições implicitamente: sem nenhuma discussão; fica subentendido, de alguma forma, que determinadas iniciativas independentes são inaceitáveis — talvez porque ambos sintam que a única vida que têm é essa vida em comum. Se, ao ler isto, você se identificar com tal descrição, é provável que haja um ponto em seu relacionamento que necessite ser discutido.

estratégia 8: liberdade

No amor, só precisamos pôr em prática o seguinte: deixar o outro em liberdade, pois o mais fácil é sufocar – e isso nem precisamos aprender.

**Rainer Maria Rilke
(1875–1926)**

    Alguns casais vivem numa espécie de casa de espelhos: quando observam o mundo, seus membros vêem apenas um ao outro. Pode ser surpreendente fazer uma visualização baseada nessa imagem. Imagine-se morando numa casa com paredes revestidas de espelhos, e que você e seu parceiro estão sentados num sofá. De repente, o verso prateado dos espelhos começa a desaparecer e, pouco a pouco, as superfícies perdem o espelho. O que você vê através dessas paredes de vidro? Que tipo de vida enxerga para si mesmo além do relacionamento? Você se vê correndo atrás de interesses independentes, ou isso é apenas uma criação ilusória de sua cabeça? Muitas pessoas acreditam viver numa prisão de cristal, mas, na realidade, elas possuem (se quiserem) a habilidade mágica de atravessar as paredes.

Se em seu relacionamento parece haver um conjunto de regras sobre o que deve ou não ser feito, talvez fosse o caso de vocês examinarem juntos quem faz essas regras e quem as segue. De vez em quando, a união fica presa a um padrão de relações restritivas. Quando isso ocorre, é preciso discutir como romper esse impasse. Um jeito de tocar no assunto seria começar com uma declaração de um dos companheiros: "Se você tiver vontade de, algum dia, fazer um curso de pintura, faça". Ou poderia transformar a frase numa pergunta: "Você já pensou em…?". Depois, continuaria enumerando algumas maneiras práticas com as quais tornaria possível essa brecha, o que talvez signifique assumir alguns compromissos de seu companheiro enquanto ele estivesse fora. Em seguida, esboce seu próprio desejo de liberdade construtiva, fazendo seu parceiro saber quanto você gostaria de correr atrás dos *seus* interesses.

Um motivo pelo qual as pessoas restringem a própria liberdade no relacionamento é que, enquanto externamente elas anseiam por liberdade, internamente apreciam a segurança de sua "gaiola". Elas têm a chave, mas são tímidas demais para destrancar a porta e sair. Se essa imagem representa a sua situação, agora é hora de agir. Não há por que esperar que seu companheiro lhe "dê" a liberdade: você só é escravo de seus próprios medos. A liberdade é um fator importante em qualquer relacionamento, e traz benefícios para ambas as partes – ainda mais pelo fato de que o tempo que passam separados ajuda a recarregar as baterias e produz um afluxo de energia positiva de que ambos podem usufruir. E, nas uniões mais bem-sucedidas, a liberdade é tratada com eqüidade e consideração. Solicite, mesmo que saiba que não precisa de permissão; negocie, mesmo quando sente que tem direito.

estratégia 8: liberdade

exercício 17

O DESAFIO DA FLEXIBILIDADE

Neste exercício, vocês examinam o equilíbrio entre liberdade e controle em seu relacionamento. Revezem-se para falar e escutar, jogando uma moeda par ver quem começa. Mostrem consideração um pelo outro e não se esqueçam de que o desejo de controlar é causado pelo medo. Um relógio marcará o tempo.

um
Sentem-se lado a lado, de mãos dadas. Quem fala terá 5 minutos, e começa dizendo: "Se eu tivesse mais liberdade, gostaria de...". Menciona, então, um sonho que alimenta (e que não é impossível) e uma ambição mais moderada (a vantagem disso é que a conversa pode se concentrar num sonho menor, se outro, mais importante, for difícil de discutir). A pessoa que fala expõe o que essa liberdade significa para ela.

dois
Agora, ambos fazem um minuto de silêncio para refletir sobre o que foi dito.

três
O ouvinte passa, então, a comentar abertamente a sua reação aos desejos do parceiro. Essa reação pode ser emocional – a exemplo de uma sensação de pânico, raiva ou tristeza. É importante ser honesto nessa reação. Os medos, principalmente, devem ser expostos por completo. O ouvinte deve dizer qual dos dois itens mencionados ele conseguiria aceitar em parte ou inteiramente.

quatro
Invertam os papéis.

cinco
Quando terminarem o exercício, cada membro do casal tem a opção de pôr em prática a liberdade sob os termos pactuados – sujeitos a um período estipulado para observação. A importância do exercício é que ele confere a ambos bastante tempo para examinar e pensar sobre as liberdades desejadas, antes de colocá-las em prática.

estratégia 9: brincadeira

Brincar ilumina a vida e alegra o coração. É uma fonte de felicidade, entusiasmo e relaxamento. Mas os adultos, à medida que envelhecem, costumam perder a capacidade de brincar, tornando-se cada vez mais sérios e apegados a velhos hábitos. Então, para onde vai toda a brincadeira quando atingimos a maturidade? É lamentável, mas, quase sempre, fica enterrada sob o crescente fardo das responsabilidades. Às vezes, a brincadeira reaparece temporariamente durante o namoro, quando expomos nossos comportamentos mais atraentes para encantar o parceiro. Mas tão logo o relacionamento amadurece, nosso ímpeto de brincar desaparece outra vez.

Preste atenção em qualquer grupo de crianças totalmente envolvidas numa brincadeira – há algo maravilhoso e animador em sua tagarelice feliz e risonha. Observemos de perto *como* elas brincam. Imagine que elas estejam fazendo um castelo de areia na praia. Elas não param, erguendo muralhas e cavando fossos. Também são criativas, sentindo o prazer da liberdade para dar forma à areia do jeito que desejarem. Durante a brincadeira, as crianças interagem lado a lado, totalmente absortas no que fazem. Seu entusiasmo e sua energia crescem com a expectativa de terminar a obra-prima. Acima de tudo, elas estão se divertindo. A partir desse exemplo, podemos ver que os principais elementos da brincadeira são: criatividade, liberdade, espontaneidade, companheirismo, entusiasmo, energia e diversão.

Se, como adultos, conseguíssemos obter de novo um pouquinho dessa exuberância brincalhona, poderíamos reintroduzir a despreocupação em nosso relacionamento. É claro que a brincadeira significa coisas diferentes para pessoas diferentes, mas, em geral, pode ser

estratégia 9: brincadeira

definida como algo que fazemos a partir da mais pura alegria e nada mais. Quando você brinca com seu companheiro, abandona temporariamente suas responsabilidades e age como se não tivesse preocupações. Escapa do círculo dos assuntos sérios no qual você ocupa uma posição central. E, certamente, afasta-se de seu estado de espírito predominante e passa a um estado de pura alegria.

Pense um pouco: você e seu parceiro brincam sempre? Ficam momentos juntos com o único objetivo de se divertirem? A participação em esportes, jogos e bailes consiste em uma forma de brincadeira, mas outra, não menos proveitosa, é o bate-papo espirituoso, solto, leve e espontâneo, temperado com humor. Talvez você pense: "Mas eu tenho uma vida tão atarefada, que não consigo tempo para brincar e me divertir". Bem, eu digo que você não consegue

estratégias para o relacionamento

> *Rir sempre e amar muito... apreciar a beleza, descobrir o que há de melhor nos outros, doar-se... isso é ser bem-sucedido.*
>
> Ralph Waldo Emerson
> (1803–1882)

viver sem brincar. A brincadeira é benéfica para o físico e para a mente, pois libera as tensões. Brincar ajuda a ficar saudável promovendo bem-estar.

Não importa que você seja atarefado, reserve algum tempo para se divertir. Planeje momentos divertidos juntos. Uma boa oportunidade é algum tipo de aventura incomum – a visita a uma feira, uma caminhada até uma construção em ruínas, uma viagem de barco, a subida em um edifício alto para apreciar a vista – as possibilidades não têm fim. Se não estiver passando pelo menos duas horas semanais em divertimentos, está deixando de incluir algo bom em seu relacionamento.

Não se preocupe se seu companheiro for mais sério do que você – seu espírito brincalhão pode muito bem ser contagioso. Em contrapartida, se você acha que seu parceiro entra no clima mais depressa que você, deixando-o um pouco inibido no começo, não tem importância – simplesmente relaxe e aja com naturalidade. Você *pode* reagir de modo diferente, por isso não tem importância se sua reação for mais comedida. Não se iniba com as limitações da sociedade – rejeite os comentários daquela vozinha crítica em sua cabeça que diz: "Isso não é coisa para a sua idade!" ou "Não vá fazer papel de palhaço!".

Obviamente, a cama é o ambiente perfeito para brincar, e muitos casais adoram ficar na linha de fronteira entre humor e paixão. Os sorrisos, as gargalhadas, as brincadeiras, tudo faz parte da experiência sexual. Depois de aceitarmos a idéia de que o quarto é um local de diversão, podemos pensar em outros cômodos nesse contexto, a exemplo da cozinha. Por que cozinhar, e até lavar a louça, não pode ser divertido?

estratégia 9: brincadeira

exercício 18

DIA DIVERTIDO

Este exercício ajudará vocês a experimentarem diferentes tipos de diversão. A idéia é que os parceiros se revezem no planejamento de um "Dia divertido". As atividades que você escolher têm de ser bem atraentes para seu companheiro, mas, ao mesmo tempo, devem representar um desafio. Não discutam suas idéias, procurem manter o segredo de seu plano até o tal dia. Joguem uma moeda para ver quem começa.

um

Escolham atividades que contrastem com os afazeres normais de seu parceiro. Por exemplo: se moram numa área urbana, podem planejar uma ida para o campo, com passeio a cavalo, ou uma expedição fluvial ou marítima, e assim por diante. Ou, se morarem no interior, poderão ir até uma cidade visitar um museu ou uma galeria de arte, ou assistir a um concerto. Dê asas à imaginação. Porém, veja se estão programando algo de que seu companheiro vai gostar – não tem graça levá-lo, digamos, a um jogo de futebol se ele detesta aglomeração de pessoas.

dois

Durante o "Dia divertido", sejam espontâneos. Não se prendam a um cronograma preestabelecido nem façam algo apenas pelo hábito, a exemplo de comer em determinado horário. Se tiverem vontade de almoçar às 11 horas, almocem. E se seu parceiro estiver gostando de uma atividade específica – como um passeio de barco –, e quiser continuar por mais tempo do que o planejado, relaxem e aproveitem. Nunca se esqueçam de que o objetivo desse dia não é seguir um horário, mas esquecer as preocupações e responsabilidades, divertindo-se juntos.

três

Depois de voltarem, peça a opinião de seu companheiro sobre o "Dia divertido". Do que ele mais gostou? Havia algo que poderia ter sido feito de maneira diferente para que fosse mais divertido? Guarde essa informação para quando for sua vez de organizar o "Dia divertido" novamente.

estratégia 10: surpresa

Com o passar do tempo, podem-se criar determinadas rotinas no relacionamento que fazem a vida correr serenamente para o casal, conferindo ordem e estabilidade à união. Mas, dada a natureza do ser humano, a estabilidade logo passa a ser vista como previsibilidade, e, sem que se perceba, as pessoas se sentem entediadas e presas. Quando você sentir que seu relacionamento se tornou um hábito, adote a estratégia da surpresa. Ao reintroduzir um elemento imprevisível à sua vida em comum, vocês irão readquirir a noção de divertimento e revitalizarão os laços que os unem.

Um bom começo é recordar quando vocês se conheceram e se apaixonaram. Você consegue se lembrar das coisas espontâneas, e até meio malucas, que fazia para surpreender seu companheiro na época? Talvez, uma noite à beira-mar, você tenha ficado apenas com a roupa de baixo e foi nadar; ou, quem sabe, nas primeiras noites de vida a dois, você tenha levado, todas as manhãs, o café dele na cama. Use suas lembranças como um trampolim para outras idéias. Não é preciso tentar recriar surpresas passadas (se bem que, se lembrar de uma surpresa específica que seu parceiro tenha adorado – como um emocionante vôo de balão –, você poderia programar para ele um vôo parecido, só que em um lugar diferente). E é claro que sua surpresa não tem de ser extraordinária – programe uma saída à noite para ver uma peça ou um filme, ou uma noite para assistirem a um filme de que gostem, com uma garrafa de seu vinho favorito ou uma caixa de bombons. O que importa é surpreender o companheiro de modo a romper a rotina habitual, fazendo algo diferente e agradável.

estratégia 10: surpresa

Uma festa-surpresa é outro jeito divertido de estimular seu relacionamento. Você não precisa de uma ocasião especial para promover uma comemoração para seu parceiro – na realidade, se não houver nenhum motivo para a festa, a surpresa será bem maior.

Oferecer flores é outra maneira eficaz e delicada de surpreender o companheiro, principalmente se adicionar algo na hora de dá-las. Por exemplo: pode mandar entregá-las no escritório; ou colocá-las romanticamente sobre a cama; ou escondê-las e deixar um bilhete com pistas sobre como encontrá-las. Adicione a elas uma mensagem bem-humorada ou amorosa, o que só aumenta a surpresa.

Por tradição, oferecemos presentes nos aniversários (de nascimento ou casamento) e em dias festivos. No entanto, dar a seu parceiro um presentinho em qualquer época do ano é um modo encantador de surpreender e de reforçar seus laços de amor. Escolha itens imaginativos, mas não caros (uma única flor colocada sobre o travesseiro é o bastante), de modo que seu amor não se sinta pressionado a retribuir o gesto. O segredo para encontrar as coisas certas consiste em conhecer o gosto de seu companheiro. Preste atenção nos comentários que ele faz e que oferecem dicas sobre as preferências dele, e anote-os, senão irá esquecê-los.

Um presente que revele criatividade quase sempre é mais bem aceito do que um que seja caro. Numa bela embalagem para presente, você pode colocar diversos itens relacionados a um único tema. Por exemplo: junto com um volume das cartas de Lord Byron, escritas em Veneza, você pode colocar uma máscara carnavalesca, papéis de carta italianos e uma caneta de boa qualidade. O tema que une tudo pode ser algo particular, que apenas seu companheiro conhece o significado. A vantagem desse tipo de presente múltiplo é que você pode acrescentar algum item barato e supérfluo (ou totalmente inútil) sem desmerecer o apelo geral do pacote.

Também pode fazer pequenas surpresas deixando bilhetinhos para seu parceiro pela casa toda. Por exemplo: cole um bilhete com uma mensagem de amor ou com algo divertido no espelho do banheiro. Procure deixar os bilhetes onde ele menos espera encontrá-los, como no painel do carro, acima da pia da cozinha, na gaveta de meias, e assim por diante. Também é possível enviar a ele um cartão pelo correio ou por e-mail, ou deixar uma mensagem em sua secretária eletrônica.

estratégia 10: surpresa

exercício 19

UMA NOITE REAL

Revezem-se para oferecer ao parceiro uma saída de surpresa, à noite. Combinem quanto podem gastar e mantenham-se nesse limite. Procurem fazer dessa saída um acontecimento mensal.

um
Programe a noite de modo que ela gire em torno dos interesses de seu companheiro. Imagine que ele faz parte da realeza e que você está dando o melhor de si para agradá-lo e diverti-lo. Forneça-lhe o mínimo de informações necessárias, como o que vestir para a ocasião e a que horas as atividades começam e terminam. Quem organizar a noitada se responsabiliza pelo atendimento aos filhos, pelo transporte e por qualquer outro item prático, para que o convidado real possa simplesmente aproveitar a saída.

dois
Seja criativo na escolha do entretenimento. Convém manter uma lista de idéias, anotando todas que você imaginar. É possível organizar um luau na praia, uma ida ao cinema para assistir a um filme que seu parceiro está louco para ver, uma refeição romântica num pequeno restaurante, ou uma ida a um parque de diversões, numa lista interminável de atividades.

três
Ao voltarem para casa, faça a noite ficar mais relaxante colocando um música suave, à luz de velas, fazendo uma massagem ou qualquer outra coisa para mimar seu companheiro.

quatro
No dia seguinte, discuta a saída noturna com o parceiro e descubra do que ele mais gostou. Utilize essa informação para aprimorar sua próxima programação.

capítulo 4

ampliação das conexões

Muitas opções que melhoram os laços amorosos mais íntimos também podem beneficiar suas conexões com a família, os amigos e os colegas. Uma vida fértil é aquela envolta em laços calorosos e sinceros. No entanto, para criar e manter boas relações é preciso habilidade, além de esforço.

Pode ser difícil manter um bom relacionamento contínuo com os familiares mais próximos, como pais e filhos, pois, à medida que a vida avança, muda constantemente a dinâmica dessas relações. E, quando você cria um relacionamento amoroso, corre o risco de negligenciar os amigos. Porém, a amizade é uma das riquezas mais valiosas da vida, sendo também um modo de conferir variedade e equilíbrio às nossas rotinas. E as relações com colegas também são importantes, pois passamos boa parte da vida no trabalho.

Este capítulo apresenta métodos eficazes de intensificar toda a sua rede de conexões que vai além de seu relacionamento amoroso.

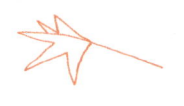

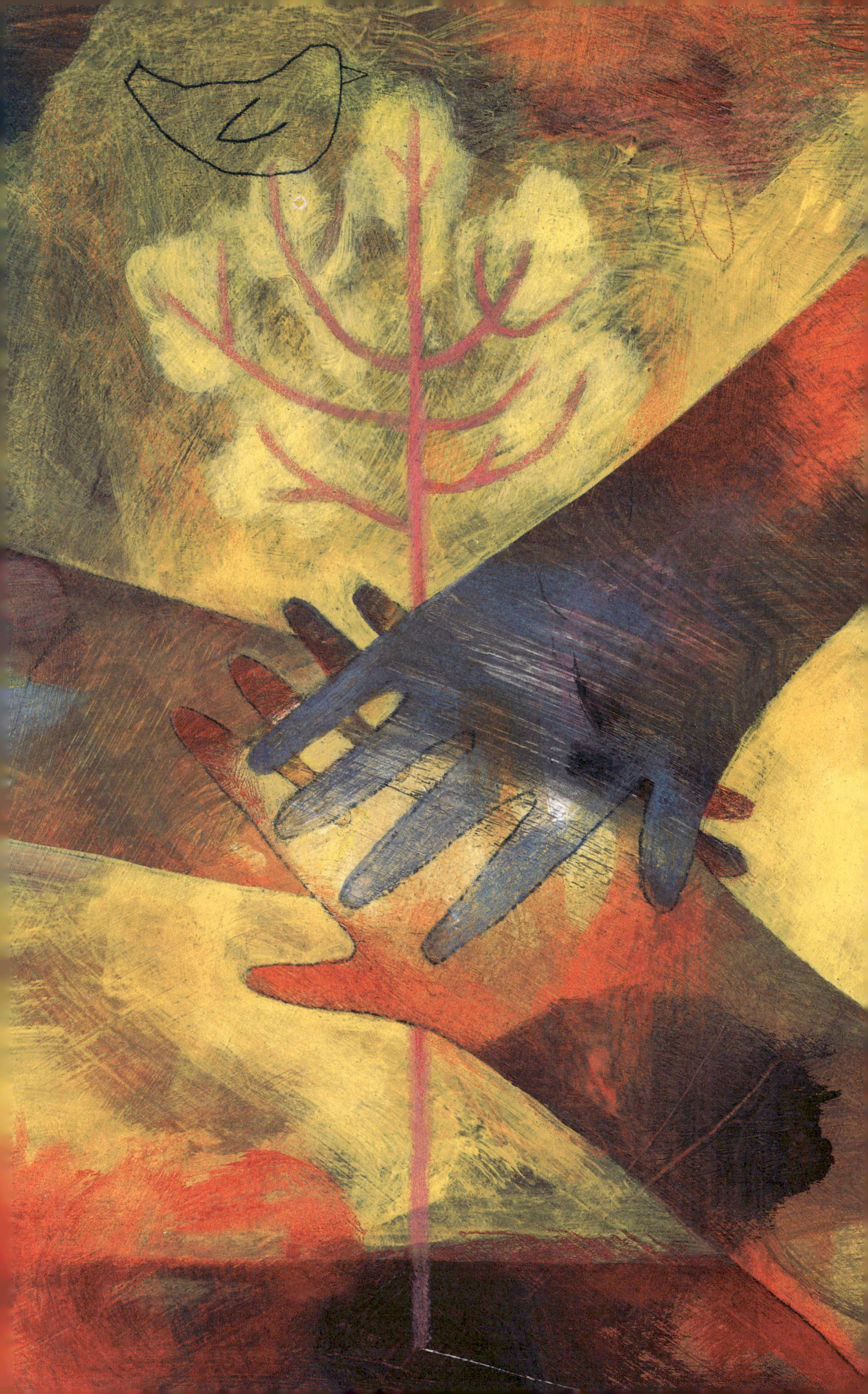

ampliação das conexões

a família

O que se espera receber das relações familiares e de oferecer a elas varia muito segundo cada cultura. Em algumas tradições, por exemplo, os avós ocupam uma posição de prestígio, e são vistos não só como ajuda na criação dos netos, mas também como fonte inestimável de sabedoria. Apesar dessas variações culturais a respeito da importância, há problemas comuns que parecem afetar muitas famílias do mundo ocidental — como a rivalidade de irmãos pelo amor dos pais, o envolvimento dos filhos no rompimento da união dos pais, e adultos revelando os maus-tratos recebidos quando crianças. Também é comum ser pego pelo fogo cruzado entre o companheiro e os pais, ou até se sentir dividido em meio a lealdades conflitantes. A maioria dos relacionamentos amorosos não sobrevive nessas circunstâncias.

Na maneira como tratamos nossos pais, é preciso ser sensível ao fato de que, provavelmente, o maior medo deles é perder o nosso amor. Isso significa que você vai ter de discutir adaptações, quando precisar fazê-las, mantendo uma estratégia firme, com o objetivo de criar a base para um futuro tranqüilo. Mas é importante compreender como seus pais se sentem. Nunca se esqueça de que, um dia, você terá a idade deles, e poderá ter muitas das reações que eles estão manifestando agora. Não se deixe dominar pela crença de que a felicidade da geração mais nova tem precedência sobre a dos mais velhos. A necessidade de se dedicar (nem sempre financeiramente, mas certamente em termos de tempo e envolvimento) aos pais que precisam de cuidados físicos ou apenas de companhia regular pode estressar o relacionamento amoroso, mas todo com-

a família

A diversidade da família deveria ser motivo de amor e harmonia, como na música, em que as diferentes notas se misturam para produzir um acorde perfeito.

Trecho de textos Baha'i

panheiro que ama de verdade entenderá como é fundamental retribuir o amor dos pais o melhor possível. Afinal, você significa a continuidade da vida deles, e isso lhe confere um lugar de destaque no cenário emocional de seus pais.

Naturalmente, mesmo com pais amorosos talvez seja preciso afirmar suas próprias necessidades individuais, e isso é mais provável que ocorra no caso dos sogros (literalmente, quando há casamento; ou de maneira mais vaga, quando não há). Uma regra fundamental é que, embora não possamos modificar o comportamento dos outros, podemos mudar o modo como nos relacionamos com eles. Convém prestar atenção a isso quando for lidar com qualquer problema com um ou ambos os pais de seu parceiro, ou com um irmão problemático ou enteado. Às vezes, talvez você até pense em aceitar situações desagradáveis, só para manter a paz. Contudo, a submissão quase nunca resulta em paz. Pense no que sente quanto a isso. Se sentir ressentimento, é um aviso para reformular seus limites, se quiser evitar que seu amor se desgaste. Não comparecer às reuniões familiares pode ser melhor do que sofrer as mágoas que elas provocariam. Procure ser cortês nos encontros, e não critique a família de seu companheiro nas conversas que tiverem. Uma abordagem positiva fará você conquistá-los mais facilmente.

A adoção de "regras" quanto ao comportamento familiar, com base em seu relacionamento ou em suas necessidades e preferências pessoais, talvez provoque um pouco de mágoa inicialmente. Mas, a longo prazo, você terá mais tranqüilidade, pois todo mundo saberá onde está pisando.

Além dessas situações que envolvem seu relacionamento e a rede familiar que se entrecruza com esse relacionamento, existem, é claro, as dificuldades que costumam surgir numa família. Elas são muitas e bem conhecidas para enumerar aqui, mas in-cluem conflitos quanto a aspirações, estilo de vida, personalidade, atitude, comportamento e muito mais. Boa parte do aconselhamento sobre laços amorosos feito neste livro pode ser aplicada, com as devidas adaptações, aos laços de sangue – com a diferença de que estes não podem ser rapidamente restabelecidos, se as relações entrarem em colapso. Procure pensar no aspecto involuntário dos laços de sangue sob um ponto de vista positivo: você tem uma ligação espiritual com essa pessoa, o que significa que vale a pena dedicar bastante energia para se darem bem; e vocês podem se esforçar para se relacionar amorosamente, sem as complicações de um romance.

a família

exercício 20

A ÁRVORE DOS RELACIONAMENTOS

Este exercício ajuda você a obter uma visão geral da dinâmica de suas relações e lhe dá informações que ajudarão a estabelecer limites claros para um comportamento aceitável. Você vai precisar de uma folha grande de papel e algumas canetas coloridas.

um
No centro do papel, desenhe algo que simbolize você – por exemplo: o Sol, uma flor, ou algo mais abstrato, como dois ou três círculos concêntricos, ou um triângulo dentro de um círculo.

dois
Agora, usando cores diferentes para representar seus diversos tipos de relações, escreva o nome (ou, se preferir, desenhe símbolos) das pessoas importantes em sua vida. Coloque cada nome a uma distância de "você" que reflita a proximidade dessa relação, e desenhe uma reta que ligue vocês – se a relação for difícil, desenhe uma linha interrompida; se os laços forem fortes, desenhe uma linha contínua. Indique a natureza dessa relação em palavras ou num código simbólico só seu.

três
Com cores diferentes, acrescente à sua árvore dos relacionamentos todas as pessoas que já foram importantes para você, mas com quem não tem mais contato, como um professor que o influenciou, ou um parente falecido, ou um amigo que mudou de cidade. Talvez tenham ficado questões não resolvidas entre vocês, caso em que, no desenho, fará a ligação com "você" por meio de uma linha interrompida.

quatro
Em seguida, desenhe linhas que liguem as pessoas no desenho. Por exemplo: se seu melhor amigo se dá bem com seu irmão, una-os com uma linha contínua. Se seu companheiro não se dá bem com seu pai, desenhe uma linha interrompida.

cinco
Quando terminar, coloque a árvore dos relacionamentos no chão e feche os olhos por alguns minutos. Olhe de novo para o desenho. Analise os pontos problemáticos e reflita sobre maneiras de superar os conflitos e criar laços mais fortes onde desejar.

ampliação das conexões

os filhos

No momento em que vocês têm um filho, o relacionamento com o companheiro muda definitivamente. Suas órbitas passam a girar em volta de um novo sol. Os laços da mãe com o bebê são de muita proximidade e pode parecer que seu parceiro é mais importante como uma espécie de "amiguinho" em vez de um amante. É lógico que o orgulhoso pai ama o bebê, mas ele costuma sentir falta da proximidade exclusiva que, antes, tinha com a mãe.

Os bebês mudam nossa vida para sempre, acrescentando desafios e alegrias de todos os lados. De repente, estamos enfrentando cansaço, tarefas intermináveis, falta de tempo para nós mesmos, e uma união que precisa de muita dedicação para não ser prejudicada. Ao mesmo tempo, há momentos incríveis, quando ficamos olhando o bebê maravilhados.

Para manter viva a intimidade com seu companheiro, enquanto cria um filho, é importante dividir as tarefas de cuidar do bebê num espírito de empatia recíproca. Todos os dias, pense nas tensões específicas pelas quais seu parceiro está passando e faça algo positivo para aliviá-las, ou prevê-las. Veja se consegue passar algum tempo a sós com ele, demonstrando amor um pelo outro e, é claro, trocando idéias e falando das novidades, do jeito que sempre fizeram. Com um pouco de esforço conseguirão dar continuidade aos fortes laços que sempre uniram vocês.

À medida que a criança cresce, as relações com ela podem se tornar difíceis ou intrigantes. Intere-se, com outros pais, sobre as mudanças pelas quais seu filho passa e perceba quais são os pontos específicos da sua situação. Seu filho está se distanciando de você?

os filhos

Ele costuma ser mal-educado ou mal-humorado? Acompanhe de perto o desenrolar de tudo, e procure explicações. Questione-se para ver se está interagindo com seu filho da melhor maneira possível. Você chega em casa estressado e mantém seu filho a distância só para ter um pouco de paz? Quanto tempo gasta em divertidas atividades conjuntas? Observe bem o padrão que foi criado e veja o que precisa ser modificado.

Ter filhos é uma tarefa difícil, ainda mais na adolescência, e podemos nunca acertar. Em compensação, não temos de ser perfeitos. Só o que temos de fazer é demonstrar nosso amor.

os amigos

Amigos são fundamentais para o nosso bem-estar. Bons amigos podem nos ser fiéis pelo resto da vida. Eles criam um espaço onde você pode relaxar e ser você mesmo – ainda que passem anos sem se ver. Quando há algo errado em nosso relacionamento amoroso ou familiar, é para nosso melhor amigo que nos voltamos. Ocasionalmente, uma amizade pode se transformar em romance, embora isso não seja habitual. Talvez haja um certo tabu não explicitado, uma sensação de que, de alguma forma, é incestuoso inserir o desejo físico numa amizade tão estreita. Pode ser, também, que o custo do fracasso – a possibilidade de perda da amizade, se o lado físico das coisas se transformar em constrangimento – seja grande demais para ser cogitado.

A evolução de uma amizade requer habilidades que podem melhorar com a experiência. Em primeiro lugar, você examina o potencial para a amizade. Entre seus conhecidos talvez você ache que uma pessoa se destaca por algum motivo. Ele teve experiências fascinantes, ou possui um talento que você gostaria de compreender melhor, ou fala bem, de um jeito que você acha realmente esclarecedor, ou é caloroso, divertido, e é bom estar como ele. Se sua atração por essa pessoa (não há nada de constrangedor no uso do termo "atração") vem daquilo que você pode aprender com ela, tome a iniciativa e faça-lhe perguntas sobre o que o intriga. Não é preciso pensar num pretexto: a maioria das pessoas gosta de conhecer gente que está sinceramente interessada em sua vida. Se você se sente atraído por alguém porque ele parece ter um temperamento que combina com o seu, seja ousado

os amigos

fazendo-lhe algum tipo de convite – talvez para sair junto com outras pessoas. Se o interesse for recíproco, surgirá naturalmente uma amizade. Não haverá necessidade de forçar as coisas, mas seria uma pena desprezar as oportunidades que surgirem.

    As amizades se aprofundam com o tempo se as alimentamos corretamente. Isso exige tempo, energia, gentileza e honestidade. Se você não consegue se encontrar com os amigos, mantenha o contato de alguma forma – até um cartão com uma mensagem curta pode ser o suficiente para mostrar que você pensa nele. Atualmente, o e-mail é o principal meio de comunicação entre muitos amigos, mas será que basta? Você acha que seu amigo daria mais valor a uma carta ou um presente enviados via correio normal do que a uma porção de e-mails? Ao fazer novas experiências – cursos, visitas a locais interessantes, exposições, ou talvez algo

ampliação das conexões

Não caminhe na minha frente, pode ser que eu não o siga. Não ande atrás de mim, pode ser que eu não o guie. Caminhe ao meu lado e seja meu amigo.

Anônimo

diferente e mais difícil de classificar –, convide um amigo para ir junto: as aventuras sempre adquirem outra dimensão quando alguém nos acompanha. Ou, então, reúna as experiências que teve sozinho e apresente-as aos amigos – você pode mostrar fotografias ou contar piadas a respeito. Depende só de você quanto vai embelezar os fatos com detalhes pitorescos ou divertidos, mas há uma coisa que convém evitar: aborrecer os amigos prolongando a narração de suas experiências, forçando-os a prestar atenção além da conta. Não permita que suas lembranças vívidas das férias ou de um episódio fascinante no trabalho (só para mencionar dois tópicos) abafem sua curiosidade sobre o que tem acontecido na vida dos amigos.

os amigos

Seu papel como amigo é o de ser gentil e não o de julgar as imperfeições. Isso é mais fácil com um amigo do que com seu amado, pois os amigos não vivem junto com você. As melhores amizades incluem a admiração por qualquer dom especial que o outro possui. Se essa valorização ficar um pouco amargurada pela inveja, procure se livrar disso, como faria com qualquer outra emoção negativa. Se você não estiver contente com os sucessos de um amigo é porque existe uma inveja não admitida. Os verdadeiros amigos não só compartilham da felicidade um do outro como também sacrificam instintivamente interesses pessoais e correm para oferecer apoio ou conforto sempre que é preciso.

Do mesmo modo que os relacionamentos amorosos, as amizades íntimas se baseiam na confiança. E o rompimento da confiança pode ser devastador. Trate com o maior respeito as confidências que os amigos lhe fazem. Acima de tudo, nunca pense em contar os segredos de um amigo para outro sem pedir permissão, mesmo que essas pessoas se conheçam e gostem muito uma da outra. Quando falar de um amigo para outro, siga esta regra básica: imagine o segundo amigo espiando a conversa, e escolha o tema da conversa de acordo com isso; diga apenas o que o segundo amigo ficaria contente de ouvi-lo dizer.

Se seu companheiro parece ressentido com uma de suas amizades, não pressuponha automaticamente que ele está sendo injusto. Pergunte-se se você não está confundindo as prioridades ou usando esse amigo específico como escapatória para alguma desavença que esteja enfrentando com seu amado. Nesse caso, talvez você precise conversar com seu parceiro e com o amigo para endireitar as coisas.

ampliação das conexões

os colegas

Quase todos nós passamos uma parte substancial de nossa vida no trabalho. Se o ambiente de trabalho é agradável e gostamos do que fazemos, esse tipo de experiência será satisfatória e valerá a pena. Para muita gente, porém, as dificuldades no trabalho tornam desagradável e estressante o processo de ganhar a vida. Essa infelicidade pode respingar em todas as outras áreas da nossa vida, corroendo nosso relacionamento íntimo e abalando nossa saúde e vitalidade.

Em qualquer atividade profissional existem dois aspectos: as tarefas e sua execução. As tarefas consistem no que tem de ser feito, e, quando você se concentra nisso, procura alcançar determinadas metas com um mínimo de esforço e tempo. Quando um ambiente de trabalho está apenas voltado para as tarefas, as pessoas se sentem alienadas e exploradas.

A execução é o elemento humano do trabalho. Quando você se concentra na execução, está perguntando o que essas tarefas significam para você mesmo e para os outros, e qual é o impacto delas sobre todo mundo. Se a execução recebe a devida consideração por parte de todos os envolvidos nas tarefas, as pessoas se sentem respeitadas como seres humanos e sentem vontade de trabalhar mais e por mais horas.

É fundamental criar conexões humanas satisfatórias no local de trabalho. Delicadas questões de posição talvez exijam que você se comporte de maneira diferente com seus pares, com os superiores e com quem se reporta a você. No entanto, há linhas de comportamento em comum, que facilitarão e favorecerão suas relações com todos os colegas. Todos nós queremos ser respeitados e valo-

os colegas

rizados. Mas para respeitar uma pessoa você tem de conhecê-la por completo. Por isso, escute com atenção quando os colegas falam de suas vidas familiares ou de seus interesses fora do trabalho.

A valorização é o segredo da satisfação no trabalho. Ainda que você não consiga verificar se *você* é valorizado, certamente pode demonstrar que valoriza os outros. A sociedade ocidental é parcimoniosa quanto aos elogios. As pessoas se apressam para responsabilizar você quando algo dá errado, mas quase sempre se esquecem de aplaudi-lo quando você se sai bem. Aprenda a elogiar o sucesso dos colegas e a valorizá-lo publicamente. Se você trata as pessoas com cortesia, valorização e gentileza, extrairá delas o que têm de melhor. Quando alguém tem uma personalidade difícil, lembre-se de que apenas as pessoas infelizes se tornam desagradáveis ou agressivas; por isso, procure reagir com compaixão.

conclusão: e agora, para onde ir?

Todo ser humano é capaz de mudar. Contudo, a mudança pode ser difícil porque você tem de abandonar padrões habituais e penetrar no desconhecido. Quase todos nós temos a tendência de resistir à mudança e, em geral, é emocionalmente doloroso iniciar um modo diferente de viver. Precisamos admitir que só podemos modificar a nós mesmos, e a mais ninguém. Podemos pedir ajuda a nosso companheiro, à nossa família ou a nossos amigos – mas isso exige que mudemos nosso comportamento em relação a eles, que conversemos sobre situações delicadas, arriscando-nos a criar divergências. Reserve alguns momentos para rever o que aprendeu neste livro, e tente identificar o que gostaria de mudar no seu jeito de interagir com seu parceiro e com outras pessoas.

Para mudar, existem três passos a seguir. O primeiro é tomar a decisão de mudar porque sabe que algo está errado; o segundo é se conscientizar de quais fatores, exatamente, estão causando o problema; e o terceiro é adotar a mudança atuando a partir de suas conclusões. Você já está no caminho da cura, quando se dá conta de que a mudança só pode vir de dentro. À medida que sua determinação se fortalece, você percebe que está preso a um ciclo de comportamento destrutivo. Passa algum tempo se observando e analisando o que está errado. Começa a pôr em prática a mudança, experimentando sua nova maneira de ser. Talvez você se pegue fazendo as mesmas coisas novamente. Nesse caso, com paciência, reconduza a si mesmo para sua aspiração, tantas vezes quanto for preciso, até fazer progressos mensuráveis rumo a seu objetivo.

Para ter sucesso nos relacionamentos você precisa aprender a ser

conclusão: e agora, para onde ir?

como um rio. Observe como o rio lida com os obstáculos: a água flui pelas pedras, encontrando um novo caminho, sem perder de vista o destino final – juntar-se ao mar. Você pode aprender com a força mansa das águas. Em vez de se chocar contra os obstáculos, há maneiras de fluir pelas dificuldades de um relacionamento, permanecendo fiel a seu próprio rumo. É claro que haverá turbulência. Numa tempestade, o rio se enfurece, carregando troncos e até pedras pelo caminho. Quando a força das águas diminui, o entulho foi varrido ou ficou nas margens, deixando a água clara outra vez. Se você se livrar do sofrimento, verá que fica mais fácil fazer as modificações que deseja. Se a sua vida se torna verdadeira como resultado dessas mudanças, você levará coisas boas a todos os que encontrar, não apenas às pessoas que você ama.

bibliografia

Aitken, R. *Taking the Path of Zen*, North Point Press (New York), 1982.

Bauby, J.-D. *O escafandro e a borboleta*, Martins Fontes (São Paulo), 1997.

Beck, C. J. *Everyday Zen*, Harper & Row (São Francisco) e Thorsons (Londres), 1989.

Bradshaw, J. *A criação do amor*, Rocco (Rio de Janeiro), 1997.

Buzan, T. *The Mind Map® Book — Radiant Thinking*, BBC Books (Londres), 1993 e Plume (Nova York), 1996.

Dowrick, S. *Intimacy and Solitude*, Reed (Auckland), 1991 e The Women's Press (London), 1993.

Dowrick, S. *The Universal Love*, Reed (Auckland),2000.

Goleman, D. *Inteligência emocional*, Objetiva (Rio de Janeiro), 1996.

Hanh, Thich Nhat *Teachings on Love*, Parallax Press (Berkeley, EUA), 1997.

Hendrix, H. *Keeping the Love You Find: A Guide for Singles*, Schwartz and Wilkinson (Melbourne) e Pocket Books (Nova York), 1993.

Hendrix, H. *Todo o amor do mundo: um guia para casais*, Cultrix (São Paulo), 2003.

Hillman, J. *O código do ser: uma busca do caráter e da vocação pessoal*, Objetiva (Rio de Janeiro), 1997.

Kabat-Zinn, J. *Full Catastrophe Living: Using the Wisdom of Your Body and Mind to Face Stress, Pain, and Illness*, Delta (Nova York), 1990 e Piatkus (Londres), 1996.

Kirshenbaum, M. *Too Good to Leave, Too Bad to Stay*, Penguin (Harmondsworth, Reino Unido), 1996 e Plume (Nova York), 1997.

Kornfield, J. *Um caminho com o coração*, Cultrix (São Paulo), 1995.

Levine, S. *Acolhendo a pessoa amada*, Mandarim (São Paulo), 1996.

Moore, T. *Cuide de sua alma*, Siciliano (São Paulo), 1993.

O'Connor, N. *Letting Go with Love: The Grieving Process*, La Mariposa Press (Arizona), 1994.

Paget, L. *How to Give Her Absolute Pleasure: Totally Explicit Techniques Every Woman Wants Her Man to Know*, Broadway Books (Nova York), 2000 e Piatkus (Londres), 2001.

Quilliam, S. *Staying together: From Crisis to Deeper Commitment*, Vermilion (Londres), 2001.

Salzberg, S. *Loving-kindness — The Revolutionary Art of Happiness*, Shambala (Boston e Londres), 1995.

Spring, J. A. *Depois do caso: curando a ferida e reconstruindo a relação depois que o parceiro foi infiel*, Record (Rio de Janeiro), 1997.

Stewart, W. *Making the Most of Your Relationships*, How to Books (Oxford, Reino Unido), 2001.

índice remissivo

a
abraços, 94-5, 101
acalmar-se, 38, 39, 46, 78-9, 104
aceitação, 45-6, 64, 104
aconselhamento, 71, 83
acusação, 68, 151
administração da casa, 24-5, 26, 59, 84-5
admiração *ver* valorização
adrenalina (epinefrina), 14, 79
afirmações sobre "o outro", 112
afirmações sobre "si mesmo", 106, 112
agressão, 14, 79, 151
ajuda profissional, 71, 83
amizade(s), 34, 81, 146-9
    amor e, 13, 17, 18, 146
amor, 10-13
    amizade e, 13, 17, 146
    definições do, 10
    estar apaixonado(a), 12, 13, 52
    experiências na infância e, 10-11
    laços de sangue e, 142
    maduro, 13, 19
    para demonstrar, 96
    pelos filhos, 144, 145
    respeito e, 40
    tempo e, 46
    vazio, 13
    ver também relacionamentos
animais, 36
anseios *ver* desejos
ansiedade, 23, 25-6, 34, 67, 71
apegos, 67
apoio, 43, 54, 68-71, 74-5, 102-4, 149
articulação, 20, 112
aspiração, 46, 86-9, 118-21, 129, 152
    ver também planejamento
atenção, 38, 52, 54, 55
    ver também conscientização

atitudes, 11, 56-61, 118, 126-8
    ver também moral e valores
atração sexual, 14
atração, 42, 58
autoconhecimento, 32, 81
auto-estima, 34, 40, 43, 68, 83
    ciúme e, 80, 81
automáticos, pensamentos, 53

b
Balzac, Honoré de, 10
Barômetro da Intimidade, 21
bebês *ver* filhos
beijos, 95-6
boas maneiras *ver* cortesia
Bowlby, John, 67
brigas *ver* discussões
Briggs, Katharine, 64
brincadeiras, 130-33
    comentário mordaz e, 40-41
    ver também surpresas
budismo, 10, 36, 52

c
carma, 36
casa/lar, 44, 84-5
    ver também trabalho doméstico
ciúme, 14, 16, 80-81, 126, 149
    ver também desconfiança
comemoração *ver* valorização
comentário mordaz, 40-42
compaixão, 30, 102-5, 151
    ver também empatia
comparação, 38, 100
comportamento compulsivo, 16
comportamentos, como mensagens, 28-9
compreensão, 28, 67, 76, 103, 111
    ver também empatia e escutar
compromisso, 12, 13, 22-3, 128

liberdade e, 23, 46, 120
medo do 23, 82, 83
testemunhas de, 118, 120
    ver também promessas e compromisso de tempo
comunicação, 74, 76-7, 96, 106-8, 110-13
    para resolver problemas, 114-16
    sexo e, 50, 96
    ver também escutar
concentração *ver* atenção
conciliação, 85
confiança, 24-7, 32, 51, 106-7, 149
    conquista de, 27
    exercício de, 27
conscientização, 38, 47, 52, 53, 54, 55
    dos sentimentos, 72-3
consideração, 30, 36-8
    esquecimento e, 24-6
contato visual, 125
controle, 44-6
    da violência, 83
    dos sentimentos, 73
cortesia, 20, 38, 151
    ver também gentileza e respeito
criatividade, 88, 116-17
crises, 54, 70-71, 102, 104
críticas, 42, 98, 101, 112, 142
    ver também comentário mordaz
cronogramas, 23
cuidados, 29-30
culpa, 32, 56, 79, 108
cumprimentos, 101
    ver também valorização

d
decepções, 24-6
decoração, 85
desapego, 78, 89
desconfiança, 26

ver também ciúme
desejos, 86, 129
   ver também aspiração
desistir de discutir, 41, 78-9
deslealdade *ver* infidelidade
desonestidade *ver* honestidade
diálogo *ver* comunicação
diário, anotações num, 43, 73, 122-3
diferenças culturais, 42-3
dinheiro, 68-9
discussões, 10, 39, 78
   fugir de, 41, 78-9
   ver também divergência(s)
divergência(s), 39
   exercício relativo à, 109
   para evitar, 41, 78-9
   ver também discussões

e
egoísmo, 26
elogio *ver* valorização
emocional, sabedoria, 72-5
emoções, 16, 72-83
   amor e, 10
   atitudes relativas às, 58
   hormônios e, 14
   ver também empatia e sentimentos
empatia, 28-31, 43, 69, 70, 74, 103, 105
   ver também compaixão
endorfina, 14
entrega, exercício de, 27
envelhecimento, 103, 122
epinefrina (adrenalina), 14, 79
equilíbrio, 16-17
erros, 24-6, 43
escuta atenta, 70, 103, 110-11
espaço para viver, 84-5

espelho
   exercícios, 75, 98-9, 126-7
   imagens, 75, 126-7
espontaneidade, 133, 134
esporte, 79
esquecimento, 24-6
estabilidade, 134
estado de espírito, 72-3
   ver também emoções
"estar apaixonado", 12, 13, 52
estereótipos, 58, 61
estranhos, relações com, 33, 36-7
estratégias, 90-137
excitação, 14-15
   ver também paixão
exercício, 79
expectativas, 10, 24-6, 58
experiência(s)
   como tratar as, 66
   da infância, 10-11, 67
   efeitos das, 10-11, 23, 67, 83
expressões faciais, 75, 76
extrovertidos/introvertidos, 64-5

f
família, 140-43, 146
   ver também filhos
familiaridade, 19, 20, 37-8, 84, 98, 100, 102
fazer amor, 50-51, 96
   ver também sexo
felicidade, 36, 52, 86
   valorização e, 98
   condições para a, 86-8
férias, 122, 124, 148
festas, 135
fidelidade, 26
filhos, 44, 59, 120, 130, 144-5
flexibilidade, 46, 60
flores, 135

fluir, 44, 46, 152-3
fracassos/insucessos, 24-6, 43
frustração, 39, 58

g
gentileza, 36-9, 151
gostos, 85, 136
gratidão, 52, 100, 104
   ver também valorização

h
habilidade para falar, 20, 112, 113
honestidade, 32-6, 74, 106-9
Hora do Coração, 125
hormônios, 14, 60, 79
humor, 131, 132
   comentário mordaz e, 40-41

i
igualdade, 38
imaginação *ver* empatia e aspiração
impulsividade, 16
independência, 126
Indicador de Tipo de Myers Briggs, 64
infidelidade, 32
insucessos/fracassos, 24-6, 43
intensidade, 14, 15
   ver também paixão
interesses, 62-3, 126, 147-8
intimidade, 12, 13, 18-21, 94-7
   sexo e, 50-51
introvertidos/extrovertidos, 64-5
intuitivos/sensoriais, 65
inveja, 149

j
julgadores/observadores, 66
Jung, Carl, 64

l
lar/casa, 44, 84-5
　ver também trabalho doméstico
lealdade *ver* fidelidade
lembranças, 18-19, 134, 148
liberdade, 126-9
limites, 40-42, 142
　ver também liberdade
linguagem corporal, 28, 76-7
listas, 85

m
manter um diário, 43, 73, 122-3
Mapas da Mente (*Mind Maps*®), 117
mapeamento dos relacionamentos, 117, 143
máscaras, 33-4, 35, 106
maus-tratos, 83, 140
meditação, 44, 47, 104, 124
meditação da "gentileza amorosa", 36, 104
medo, 82-3, 126
　ciúme e, 80
　da perda, 82, 106, 140
　de compromisso/envolvimento, 23, 82, 83
　de rejeição, 58, 82
　efeitos físicos do, 79
　gentileza e, 37
　honestidade e, 106
　raiva e, 79
mentais/sensíveis, 65-6
mentir, 32, 108
minorias, 42-3
momentos de intimidade, 18-19
momentos de oração, 124
moral, 32-3, 56, 107-8
　ver também valores
mudança, 45-6, 66-7, 86-9, 93, 152
Myers, Isabel Briggs, 64

n
não, saber dizer, 108
Natureza, 44, 52
negação, 54

o
objetivo de vida, 32
objetivos *ver* planejamento e aspiração
observadores/julgadores, 66
"Olhar Fixo na Alma", 125
oração, 47, 124

p
paciência, 44-6
pais e mães, 140-42, 144-5
paixão, 10, 12-13, 14-17
　brincadeiras e, 132
　diferença e, 66
　níveis de, 17, 50
paixão sexual, 10, 14, 17
　ver também paixão
papéis, 59-60, 84-5
paz, 44-6
pensamentos automáticos, 53
perda
　ciúme e, 80
　medo da, *ver* medo
personalidade, 64-7, 106
　ver também verdadeira natureza
planejamento, 23, 46, 52, 86-9, 118-21
　em relação à liberdade, 129
　em relação aos medos, 82
possessividade, 16
postura, 76
preocupação, 54, 68
presença, 38, 52
presentes, 39, 85, 134, 135-6, 147
prestar atenção, 70, 103, 110-11
prever o futuro *ver* aspiração

primeiras experiências, 10-11, 67
problemas e resolução de problemas, 70-71, 114-16, 152
promessas, 24-6
　ver também compromisso/envolvimento
provocação, 42
proximidade, 94-7
　ver também intimidade

q
queixas *ver* críticas
questões de gênero, 58-61, 95, 96
questões práticas, 24-5, 26, 44, 59, 84-5, 87

r
raiva, 39, 58, 78-9, 83
razão, 16-17
reação do tipo "enfrentar ou fugir", 14
realismo, 48, 54, 86-8, 119
reclamar, 112
recompensa, gentileza e, 36, 38
recreação, 134-5, 137
　ver também férias e brincadeiras
regras, 126, 128, 142
relacionamento
　aberto, 13
　anormal, 14
　como refúgio, 44
　compromisso de tempo no, 50, 125
　cronograma no, 23
　efeitos das primeiras experiências no, 10-11, 67
　efeitos de anteriores, 23, 83
　expectativas do, 10, 118
　final de um, 23, 83, 126
　fora do, 34, 81, 138-51

mapas do, 117
problemas para lidar com o, 114-16, 152-3
regras e liberdade no, 126-8
tempo no, 46, 120
trabalhar o, 92-3, 118, 138
ver também compromisso/envolvimento e amor
respeito, 40-43
ver também cortesia
respiração, 38, 47, 97
em harmonia, 96-7
para acalmar, 38, 39, 46, 47, 78, 104
responsabilidade, 59, 60, 68, 70, 84-5
confiança e, 24-7
restrição, 126-8
risco, 85, 152
ritmo, 23, 6, 120
ritual, 53
rompimentos, 128
rotinas, 134

s
sabedoria emocional, 72-5
Salzberg, Sharon, 36
saúde, 26
segredos, 22, 33, 34, 107-8
segurança, 67
sensíveis/mentais, 65-6
sensoriais/intuitivos, 65
sentimentos
compartilhar, 28-9, 69, 70. 74, 106
conscientização dos, 72-3
ver também emoções
ser positivo(a), 48, 52-3, 98-101
sexo, 50-51, 60, 96, 132
significado espiritual, 32, 97, 142

simplicidade, 33
sinceridade, 32-6, 74, 106-9
situações de trabalho, 138, 150-51
Smith, Adam, 28
sofrimento, 80, 104
sogros, 141-2
solidão e momentos a sós, 126, 128
sorrir, 33-4, 98-9
Sternberg, Robert J., 12
surpresa, 39, 134-7

t
tabus, 20
Tarrant, John, 10
tempo, 46, 120
compromisso de, 50, 125
administração do, 122, 124
uso do, 59, 84, 120, 122-5, 126
solidão e momentos a sós, 126, 128
testemunhas, 40-41, 118, 120
timidez, 33
tomada de decisões, 30, 65-6, 71
toque, 94, 116
trabalho, 30, 60, 68-70
trabalho doméstico, 59, 84-5, 132
tranqüilidade, 44-7, 86
treinamento da mente, 53
triângulo, imagem do amor como um, 12

v
valores, 56-61, 118
ver também atitudes e moral
valorização, 20, 52, 98-101, 136
em situações de trabalho, 151
na amizade, 149
ver também respeito
venda nos olhos, 27

verdadeira natureza, 32, 52
vergonha *ver* culpa
vício, 16, 26
violência, 83
visualização, 78, 89
viver no presente, 52, 54, 55, 104
vontade, 45-6

z
zen, 10, 52

agradecimentos

Este livro ganhou forma a partir da minha experiência de amor e amizade. Agradeço a meu ex-marido, Uwe Grodd, por ter me presenteado com uma amizade profunda e encorajadora, maravilhoso resultado de nosso casamento fracassado. Sou grata a meu companheiro David Bagshaw por conferir paixão, diversão e ternura inocente à minha vida. Agradeço a meu filho Sebastian Grodd por me ensinar muita coisa sobre integridade e gentileza sincera.

Uma aventura criativa, como a deste livro, precisa de apoio e estímulo. Sou grata a minhas amigas Keeta Davison e Birgit Neumann por me encherem de alegria e entusiasmo. Um pouco antes que o câncer encurtasse sua vida, Madeline Butler me fez conhecer os Mapas da Mente (*Mind Maps*®), um instrumento criativo que considerei inestimável. Escrevi muitas seções do livro em Canoe Bay, o lugar mais lindo do planeta, e quero agradecer à família King-Turner por sua hospitalidade calorosa e amizade duradoura. Por fim, agradeço a minhas editoras Ingrid Court-Jones e Judy Barrat, que me orientaram com tato e habilidade.

Se desejar mais informações sobre qualquer ponto discutido neste livro, por favor, entre em contado com:
Mary Jaksch
Wellspring Company,
38 Halifax Street
Nelson
Nova Zelância
email: enquiry@wellspringcompany.com

Os Mapas da Mente (*Mind Maps*®) constituem uma marca registrada da Buzan Organisation e foram utilizados com sua autorização.
Buzan Centres Ltd
54 Parkstone Road
Poole
BH 15 1PG
Reino Unido
email: Buzan@Maind-Map.com
www.Mind-Map.com